叶

——

人人能看见，人人会喜欢——

明 桂

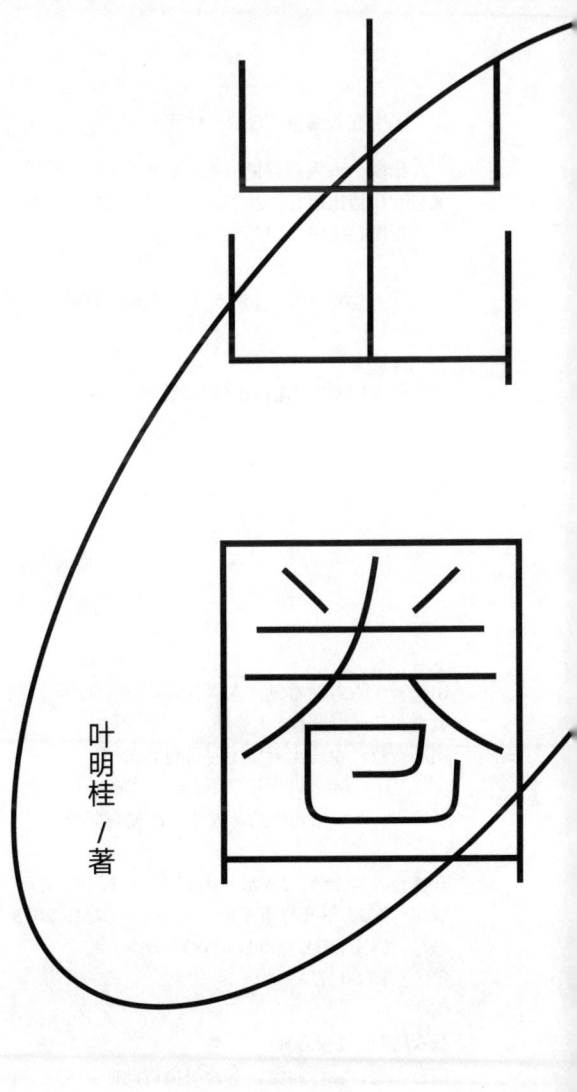

出卷

叶明桂/著

中信出版集团 | 北京

图书在版编目（CIP）数据

出圈：人人能看见，人人会喜欢/叶明桂著.--北京：中信出版社，2023.8（2023.9重印）
ISBN 978-7-5217-5837-5

Ⅰ.①出… Ⅱ.①叶… Ⅲ.①品牌营销－研究 Ⅳ.①F713.3

中国国家版本馆 CIP 数据核字（2023）第 115479 号

出圈——人人能看见，人人会喜欢
著者： 叶明桂
出版发行：中信出版集团股份有限公司
（北京市朝阳区东三环北路 27 号嘉铭中心　邮编　100020）
承印者：　宝蕾元仁浩（天津）印刷有限公司

开本：880mm×1230mm　1/32　印张：7.75　字数：120 千字
版次：2023 年 8 月第 1 版　印次：2023 年 9 月第 2 次印刷
书号：ISBN 978-7-5217-5837-5
定价：59.00 元

版权所有·侵权必究
如有印刷、装订问题，本公司负责调换。
服务热线：400-600-8099
投稿邮箱：author@citicpub.com

献给我的儿子叶子生
　　一个最善良的人

赞誉

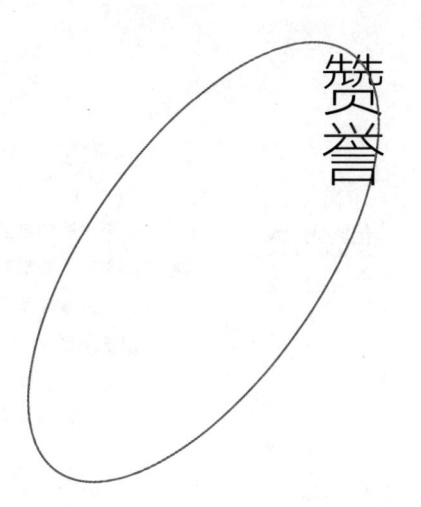

姚劲波
58同城创始人

一个杰出的策略会带来很多启发。阿桂就是一个很"妙"的策略人。跟他聊天的时候，你能感觉到他很享受做策略这件事情。他很擅长倾听，更擅长洞察——洞察用户，洞察人性。他能洞察很多细微的事情，再把洞察到的见解反馈给合作方，给出独特的解决之道。

叶国富
名创优品创始人

提起阿桂，我脑子里最先跳出来的就是"热爱"和"工匠"两个词。你很难想象有人能在一件事情上保持专注这么多年，还仍然享受工作中的乐趣，仍能保持一颗炽热跳动的心。我认为，这一份热忱正是他的魅力所在。

李志林
简一集团创始人

桂爷的可爱之处，是他在做事时的全心投入和那股认真劲。不过，更令人敬佩的是，他一生专注于一件事——广告。他总能敏锐洞察到商业机会，并给出令人赞叹的策略。

李厚霖
I Do 基金创始人

每个人都有命中注定的归属和使命，而桂爷的使命就是为品牌而生。让消费者对品牌产生"偏心"是桂爷传承的品牌塑造精神。在这个时代，比资源更重要的是思想，比思想更重要的是创意，而桂爷一辈子都在从事金字塔顶端的品牌创意事业。

薛鹏
闪送创始人

正如阿桂老师所言："学习永远是现在进行时。"阿桂老师的作品总能做到不落俗套、不拘一格。绝佳的创意，持久的创造，在他眼里，品牌是有生命力的。更难得的是，这本书中不仅有创意之道、成功之道，更有为人之道、处世之道。

刘芹
五源资本创始合伙人

因工作关系，我一直在寻找能启发我思考、拓宽我视野的人，阿桂就是这样的人。虽然五源资本是阿桂在投资行业的第一个客户，但他还是成功打动了我。这不仅仅因为他在品牌创意领域的纯熟能力与耀眼履历，以及他倾听、洞察、提炼人性的天分，更因为他践行一辈子专注做好这一件事的持续热情。阿桂把热情转化成信仰的特质，恰是五源资本最尊重的企业家品质。

卢依雯
DR 钻戒创始人

一个人在任何方面达到顶级水平,都需要天分和后天的勤奋。阿桂在洞察力方面就是这样的存在,他有让人羡慕的天分,也极为勤奋,且有特别丰富的经验,不愧是品牌领域的大师和艺术家。

孙来春
林清轩品牌创始人

阿桂是难得的奇才,读他的书和见到他本人的感受是一致的。他能在纷繁复杂的表象背后,抽离出未被发现的品牌大理想。见他之前,最好先读读他的书,否则容易被他"无所谓,很随意"的状态迷惑。也许真正的武林高手,大体是阿桂这个状态——表面装疯卖傻,其实深藏绝技。

曹毅
源码资本创始人

阿桂很真实,不吝为好的灵光乍现大声喝彩,也会持续挑战不够精彩的创意,一路执着探索直击人心的品牌理念。他的真实赋予了他诚实又坚韧的匠心,而他的探索让他的创意充满张力又历久弥新。源码乐在探索,也关注创造真实价值,因此,我们和阿桂一拍即合。

目录

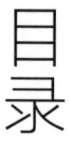

推荐序
桂爷品牌：永远在路上 陈思诺 XIII
桂爷指路：如何成为策略高手 劳博 XVI
序　言 XXIII

企划、业务与创意人员

企划人员：特质与能力 003
业务、创意人员如何与企划人员合作 008
与客户沟通要讲好听的实话 013
如何保有对广告的热情 015
业务人员如何应对"要好还是要快" 016
与客户交往并不一定要打成一片 017
客户主管的进步需要难缠的客户 019
好创意必须和策略相关 020

定义正确的商业课题

商业环境分析的五大维度 026
生意从哪里来 030
商业目标的落地与执行 037

策略的原点

理解策略 049
完整传播策略的思维架构 053

洞察

什么是洞察 061
什么不是洞察 062
创意洞察：找到让信息活起来的支点 064
塑造打动人心的广告 065
找到洞察需要相信直觉 067
找到洞察的两种方法 068

创意

创意是广告的核心 075

与众不同的创意来自杰出的创意人才 077

最杰出的创意人有三大特质 080

你要做乳牛,还是要做挤奶工? 081

创意作品的 5 个创作阶段 086

打造出圈品牌

解决人类学角度的销售问题 095

形成消费者潜意识的产品竞争力 097

需要占领行业类别的制高点 099

快速建立品牌知名度与偏心度 102

创造有利于不同产品线的共同销售场景 103

品牌梳理

提出动人的品牌主张 116

建立品牌与人偏心的关系 119

塑造迷人的品牌个性 121

创造差异化的风格 122

品牌要像人一样表达善意 124

品牌基因

如何提炼、总结品牌基因 130

找到可以撬动品牌的文化张力 139

和企业大老板的沟通心得

为自己塑造一个不会失败的形象 146
将自己定位成不可取代之人 147
从人类学角度，询问关于业务的问题 148
千方百计加对方的微信 149
懂得察言观色，审时度势 150
信手拈来的案例最具说服力 150
点亮自己，照亮别人 151
在客户兴致最高的时候报价 151
没有明确的结案时间将是一场灾难 152

仪式感 创造永恒的记忆 155

广告老师傅的一些体会

广告的原则 167
留不住人才的原因 173
生存之道 177

附录 A　如何做咖啡广告 183
附录 B　如何做方便面广告 197
结　语　策略中的阿桂　胡湘云 213

推荐序

桂爷品牌：永远在路上

陈思诺
快手科技副总裁

初见阿桂，是在京都召开的奥美亚太会议上，因为我们都负责策略工作。当时，我作为奥美的"新生代表"，很自然地认识了当时的前辈——阿桂。我们很聊得来，当然前提是阿桂一点儿领导架子都没有，这给了我们这些后辈很大的勇气，敢和他畅聊。我与他探讨最多的就是"洞察"。"洞察"的观点和方法，贯穿我的整个职业生涯，大概也得益于那几日的闲聊。洞察不是事实，洞察是深埋在现象之下的真相。真相，才是真正动人的。

因为聊得来，后来我去台湾奥美专门体验了作为阿桂一日弟子的生活，更深入地了解到什么是好的企划：在一家4A（美国广告代理商协会）公司里，企划应该承担什么角色、完成什么任务，才能有助于整体方案与生意。我也知道了好的企划是多么难能可贵。

后来，我加入移动互联网大潮并深入其中，选择了可能是最后一个享受移动互联网红利的App（应用程序）——快手短视频。当时，短视频、算法还是很新的概念，快手也因此遭到了不少误解。当然，也因为很新，我们的经验不足，很多事情都是摸着石头过河，不断迭代。我再次和阿桂见面，是作为合作伙伴。我和阿桂一起，把和快手有关的所有事、所有人仔仔细细盘算了一遍，然后我们找到快手最迷人的品牌主张——"普惠"。短视频降低了用户记录的门槛，快手的出现让很多之前没有办法用文字记录生活的人，也有机会记录自己的生活并分享。快手的创始团队，在理念上，愿意把流量分给普通人。在这个分析基础上，我们一起做了"每个人都值得被记录"的系列品牌营销活动，这奠定了快手的核心品牌价值。很多年后，还会有前来面试的人说，他们之所以想加入快手，正是因为普惠的理念。"每个人都值得被记录"形成了一种品牌力量，发自肺腑，历久弥新。

随着年龄渐长，我和阿桂越发"年轻"。他有一颗好奇之心，不断进步，不断刷新自己，我们因此变得"年龄"接近，成了朋友。他来北京，我们会约在金宝街的小面馆里，相互聊聊近况："最近，我在做闪送。我觉得它的价值观是相信人的善良。""最近,我在做小米。我发现它真的正在把科技普及给更广大的人群。"他基本上把这个行业的头部品牌做了一遍。阿桂之前教给我的工具"品牌大理想"里面有一部分是发现品牌的"最佳真我"。我发现,他真的拥有一双能看到品牌美好之处的眼睛。有的人擅长发现和欣赏好看的人,他则擅长发现品牌的美好。这何尝不是一种天分。

一天,阿桂说他从奥美离职了。我曾以为他永远不会离开奥美——他那么爱它!我一度觉得他和奥美融为一体了——灵魂相互融合。然而我再一想,好像这又很"阿桂"!无论何时,他都有重新开始的勇气。他创立了"桂爷品牌策划",继续在这个行业里发光发热。他是企划和业务的天花板,是整个广告营销行业的老师傅。他把压箱底儿的本事拿了出来,放在这本书里,我仔细阅读,仿佛耳边有阿桂在不紧不慢地说话。我把书里的方法做好笔记,应对我要解决的问题,发现这些思考框架十分好用。相信所有营销人士,看完这本老师傅的绝活儿秘籍,都能有所收获,无论你在广告公司、创意公司、甲方市场,还是其他领域。

这本书呈现的是一个老师傅的压箱底儿绝活,会给读者带来惊喜。我知道,这只是第一波惊喜,因为阿桂永远在路上。

桂爷指路：如何成为策略高手

劳博
广告门董事长、CEO

桂爷是谁

叶明桂之前可能是奥美中国的第一策略高手，服务奥美 30 余年，直至成为台湾奥美总经理兼策略长，内部人称"桂爷"，江湖人称"桂爷"，但桂爷"比较谦卑，会讲故事，也很会讲道理"，极少自称"桂爷"。2022 年，从台湾奥美离职的桂爷，终于迎来自由身，开始自称"桂爷"，创立桂爷品牌策划，独立服务品牌和平台。他终于可以淡定地做这份"客户付款，我学习"的事业了。

1984 年，年轻的桂爷连投 7 份简历，得以进入国泰建业广告（台湾奥美前身）。他希望成为文案人员，未遂，被派至人员短缺的客户部。由此阴差阳错，成就了桂爷从业务人员到杰出策略人员之路。

几十年来，从梁荣志（奥美广州第一任总经理）、陶雷（奥美北京第一位本土总经理）到朱幼光（奥美北京第一位本土执行创意总监）等第一代大陆奥美高管，到台湾奥美的历届策略部主管，都受到了桂爷或近或远、或多或少策略功力的熏陶。在业内闻名遐迩的奥美内部系统连续三天的魔鬼培训中，桂爷是策略端长期稳定的培训师。

创意高手易寻，策略高手却隐藏在众多杰出案例之后，是低调的"幕后黑手"，难以寻觅。杨石头、丁帅、陈思诺，还有众多散落在其他广告公司和互联网平台的前奥美策略人，都曾经得益于桂爷的当面指教或者理论培养。桂爷的功力是从哪里来的？这是一个很有意思的问题，把这本书读"薄"了之后，你就会得到答案：一是长期兴趣，二是坚持不懈地学习，三是经历200余个品牌建设的历练，终成正果。

桂爷早年最出色的案例，无疑是台湾奥美为统一集团打造的左岸咖啡馆。这个品牌从无到有，体现了广告公司的最高智慧：定位大胆，创意卓越，执行出色。直到今天，它也是华语广告品牌里的经典案例。桂爷的第二个出色案例——2010年大众银行《梦骑士》，广告门有幸参与传播，大陆点击量迅速过亿,并夺得第一届"金瞳奖"微电影组全场大奖。最近几年屡获广告创意大奖的台湾全联福利中心(全联超市)的"全联省钱经济学系列",也是桂爷深度参与的杰出作品。

因为《梦骑士》的杰出表现,台湾奥美在此后陆续收获了大量大陆客户:闪送、I Do、DR钻戒、58同城、快手、简一大理石、转转、方特、克丽缇娜、360、源码资本等。

2013年冬,在一个行业奖项酒会现场,一位高高瘦瘦的前辈拿着一杯酒,朝我走来说:"你就是广告门的劳博?我要为大众银行《梦骑士》敬你一杯。"这就是我与桂爷的第一面。此前,于我而言,桂爷的大名早已如雷贯耳。

策略人员从哪里来

桂爷在其上一本著作《如何把产品打造成有生命的品牌》中说,他在台湾奥美广告工作超过30年,希望自己"压箱底儿的绝活"有机会传承下去,成为年轻人、品牌主、有志于拥有深度策略能力的同行修炼内功的理论源头。仅是这份初心,桂爷的书就值得好好阅读。

策略人员的最初来源往往是文案、会写方案的业务部门的人员,很少有广告专业出身的从业者一毕业就成为出色的策略人员。在国内大学的广告专业教育中,策略的知识都夹杂在常识教育中,部分同学因为要参加大学生创意比赛,需要负责撰写 PPT,才正式开始策略研究:洞察、市场研究、消费者需求、品牌定位等是策略工作的重点。

自 2012 年开始,移动互联网高速发展,传播公司也跟随互联网开始碎片化的高速发展。客户部主要关照品牌方面的生意,而专业的策略人员越来越少。不仅 4A 公司难以找到高水平的策略人员,本土传播公司中也几乎找不到"策略部"这个专业部门。作为广告行业的中生代,我们当然知道,广告行业的核心价值来自三个能力:策略、创意、媒介分发。随着 KPI(关键绩效指标)的盛行,没有业务指标且价格昂贵的策略人员越来越少,一家传播公司很难允许这样的部门存在。创意部的显性功能更强,能让客户直接买单,得以成为公司的基础性部门。

之前,4A 公司的优势在于,利用服务顶级品牌严苛务实、科学合理的培训体系,培养了能力较强的数代广告人。但是随着人才的流失(选择自主创业、加入互联网公司或加入品牌市场部),直接导致几家头部 4A 公司在我国的营收和规模均有不同程度下滑和缩减。这几年,创意大旗逐渐被本土传播公司扛了起来。

策略人才去了哪里

我国市场足够大，像桂爷这样的专业人士，基本不会发愁找不到工作机会。从叶茂中、华与华、群玉山、桂爷品牌策划，我们能看出未来广告公司老板的一条路径：开设品牌营销咨询公司，挣头脑灵活、有雄心品牌的钱。如果是个人工作室，则独木难支，最终还是需要抱团。策略人才新的机会就此显现。

从市场或项目调研，了解竞争对手的定位和品牌动作，掌握瞬息万变的市场数据，到形成各自团队的核心竞争力，策略人员的工作十分复杂且有非常高的专业标准。杰出的策略人员掌握了充足的市场常识，就部分掌握了竞争角度；品牌的传播和发展，很大程度上依赖外脑。竞争蓝海在哪里？节点营销如何杀出重围？新品如何吸引流量？上述问题，品牌团队往往难以一一解决。由于有策略人员，广告公司才有资格成为品牌的头脑帮手，而非跑腿小哥，从而具备价值，并赢得尊重。

1950年，马文·鲍尔接手麦肯锡，从哈佛商学院的MBA（工商管理硕士）毕业生中疯狂招聘，雇用了麦肯锡50%的早期员工，开始了"以价值收费"的企业管理咨询独特的服务之道。在广告行业里，头脑灵光、具备集体工作智慧，且拥有解决方案的策略人才，对未来传播、咨询行业的作用，是非常巨大的。品牌年轻化、品牌升级都是策略高手大展拳脚的领域。

如何成为策略高手

桂爷的经历难以复制，但桂爷的策略智慧则值得再三摸索、学习。在这本书中，桂爷认为策略人员的以下几种特质非常重要：特别聪明、特别好奇、特别会讲故事、通常是较差的业务人员。

策略人员还要具备以下几个基本能力：会写企划案、会分析（独立思考）、会销售、能闻到钱的味道（帮客户赚钱）。这几个能力都有相应的发展空间，如果你在某个方面刻苦修炼，你也能像桂爷一样优秀。

策略部门是培养营销全才的平台。很遗憾，如今传播公司的这个部门正日益缩小体量，这也成为广告行业的一大短板：过于追求短期目标，缺乏长期投资。我比较了解的几家头部广告公司都有强大的策略部门，并拥有相当数量的策略高手。

谢谢桂爷压箱底儿的"黄金"。亲爱的读者，享受阅读吧，你终会有所收获。

序言

我一直很努力地工作，也很会说话，所以我很早就当上了台湾奥美总经理。当时，我负责的广告公司的营业额占了集团7家公司总营业额的70%。可见，我不仅努力工作，会说话，也很会赚钱。由此，我想，将来我必定是集团董事长的接班人。没想到，董事长打算去大陆发展，他临走时告诉我，接班人不是我。于是，我问董事长："我这么谦卑，业绩又好，为什么接班人不是我？"

他告诉我两个原因。第一，我的英文不够好，而再上一层楼后，我的老板就会是一个外国人，以我的英文水平一定吵不过外国人。没错，虽然我在美国康涅狄格州某私立大学研究所获得了传播学硕士学位，但是我的英文水平一般，搞不定外国人。第二，我太仁慈。"仁慈"是董事长委婉的说法，其实就是说我个性软弱。再上一层楼当了集团董事长,需要做许多残忍却必要的决策,到时,我会犹豫不决,有妇人之仁,这样不但会导致公司错失良机,而且在这个过程中,我也会很痛苦。最终,我没有担任集团董事长,反而回到一线,为客户提供服务。就这样,我回到一线为客户疯狂工作了20年,并打通了这个行业的任督二脉,完全搞清楚了什么是品牌,它和产品定位有什么不同。这有点像一位医生也许一生也当不上院长,但他却是世界一流的临床医生,他从不认为自己是失败的。

终于,我离开了"大医院",自己开了一家"小诊所"。我创立了桂爷品牌策划,离开了投入30余年人生岁月的台湾奥美。我在奥美的泥土中吸收养分,逐渐成长,最后成熟。感谢奥美!然而落下的果实包含新的种子,在新的土壤中我需要阳光、空气、水。书中内容是我一生所学的精华,更是我毕生所悟的道理。我期待这本书成为我的创业东风,能产生助我创业的影响力。

这不是一本谈理论的书,而是一本注重实务操作和经验分享的著作。除了帮助读者成为杰出的策略家,这本书更是一本打造品牌的操作手册,案例也较为丰富。总之,这本书就是为了启迪你的思想,教你如何进军品牌和广告领域,适合营销与传播相关专业人士阅读。阅读本书,掩卷深思,相信你定能有所收获。有兴趣进行更深入交流或对本书有更好建议的读者,可通过微信号 Minguay 与我联系,期待与你思想碰撞。

追求没人做过的东西，
是一个创意人员的基本素质。

企划、业务与创意人员

企划人员：特质与能力

杰出企划人员，一般都具备以下特质：

特别聪明

人人都可以成为企划，但真正的企划高手却是屈指可数的，这有点像帝国大厦避雷针的体积和帝国大厦的体积之间的差距。这些天生的企划高手都是非常聪明的。所谓聪明指的是理解事物背后运行逻辑的能力，不只是举一反三，更是看透真相的洞察力，还有就是记忆力超强，过目不忘，不断储存资料，累积知识。

特别好奇

杰出的企划人员对天底下的各种事情都很好奇。他们最爱问为什么，从不不懂装懂。一旦遇到自己不懂的事，一定会打破砂锅问到底，一直到自己真正明白。他们会将这种理解消化成自己的语言，借助验证自己的想法来确认自己是否真正理解了这件事。一流的企划人员总能将复杂的事简单化，而二流的企划人员常会将简单的事复杂化。唯有真正理解，才能纯化，一知半解则只有忽悠。

特别会讲故事

一流的企划人员面对相同的话题总能以新的角度进行阐述，能在不同的事物中看见相通之处，能在相同的事物中看见细微的差异。他们善于运用比喻，让人一看便懂并莞尔一笑。

在设计故事的结构时，一流的企划人员懂得运用矛盾或冲突让故事更好听、更有意思。他们也会讲述关于未来的故事，因为他们能通过很小的线索看见未来的大方向，对未来的趋势总有特别的见解，并能生动地进行解释。每个人都喜欢听先知述说关于未来的故事。

通常是较差的业务人员

幸好，上帝是公平的，杰出的企划人员往往是较差的业务人员，因为他们特别敏感甚至多愁善感，所以遇到挫折后恢复速度较慢，没有安全感，遇到小事会想太多，总是焦虑，而这些是业务人员的忌讳。另外，由于反应速度太快，他们往往没有耐心。这些都是特别杰出的企划人员与生俱来的缺点。

有没有例外？还是有的。

聊完了杰出企划人员的特质，接下来看一下企划人员的四大基本能力。

会写企划案

专业的企划人员不能只空谈策略，而无法落笔写企划案。所有企划案的基本模板就是挑战、洞察、解决方案：挑战就是定义课题；洞察包括对人性、社会、消费群体进行分析，思考如何打动人心，如何说服人们；解决方案必须是新鲜、没有人用过、实用、可以延展、合理、前后呼应的解决之道。

会分析

企划人员要能从繁杂的资料中找出有用的知识，再从这些知识中总结出道理,最后根据这些道理提出有用的观点,并且理解这些观点背后的真理。也就是说,企划人员要从数据中找到洞见,分析的目的是化繁为简,纯化结晶。

会销售

与所有的业务人员和创意人员一样,企划人员必须善于销售,销售自己的想法与观点。代理商的销售有其逻辑,也是一门艺术,除了说服能力,还要用热情打动对方。企划人员在销售之前一定要清楚自己的观点,知道自己要卖什么,因为忽悠是很容易被识破的。

能闻到钱的味道

以前,我偏好雇用资深文案来做企划,因为我认为文笔好的人思路必然清晰。直到我雇用的一个之前做创意的企划人员向我提出辞职,她说自己闻不到钱的味道。我当下明白了她的意思,也接受了她的辞职。企划人员的基本条件就是必须能闻到钱的味道,知道所设计的创意概念和生意之间的关系。我们的职责就是要帮助客户销售,所以必须知道生意的来源是什么,如何扩大生意,什么样的行为或言语能有利于生意。这些就是钱的味道。

那么企划人员该如何培养能力呢？

多看案例，其中以报奖视频最有用

报奖视频是指一组人将杂乱的资讯梳理成一部有条理的三分钟短片，短短的三分钟浓缩了一年的策划与执行，以及数十小时的创作与剪辑。这是案例学习的最佳路径。但是报奖视频通常是不会外流的，所以不易看到。不过善于找资料的人，总是能找到现成案例，来开阔自己的眼界。我曾经有个下属英文很好，对这件事情又有兴趣，他便收集了全世界有名的成功案例，每次讨论，对于相关案例他都能信手拈来，以佐证自己的论述。他的企划案都是优化别人的案例，成为自己成功的案例。案例是帮助企划的最佳刺激物，多看案例就像书法，开始都是摹写练习，之后便熟能生巧，进化成大师。

认真生活

优秀企划的内容通常来自日常生活中的共鸣，培养企划能力就要追求精彩人生、丰富生活。然而，如果你说没有太多时间来过正常的生活，没有太多机遇来体验惊艳的特别时刻，就需要多看书，多看电影。一本书凝聚了作者一生的经验，一部电影浓缩了人生百态。这是丰富自己人生经验的捷径。广告行业奇妙的地方在于开心地吃喝玩乐，就是认真地做准备功课，然后还有人向我们付费，奖励我们努力生活。

多写文章

写文章是做企划最好的习惯，没事就写文章，写日记，写东西。聊天谈话、空谈策略都不如静下心来整理思绪，动笔写写文章。写文章是企划人员最有意义的休闲活动，文章可以放在脸书、微博分享，也可以结集成册，最后印刷出版。更重要的是，写文章是训练头脑最好的"体操"。

业务、创意人员如何与企划人员合作

业务人员与企划人员合作，需要充分展现自己的专业性。

提供课题

定义正确的商业课题是业务人员的责任，也是业务人员与企划人员的交棒点。业务人员绝对不能将客户给的资料直接转发给企划人员。业务人员最重要的就是追问客户，确认为什么进行宣传，是为了什么问题或是捕捉什么机会，并且根据商业洞察将商业问题转化成传播课题，然后交给企划人员，这也是业务人员在策略方面的最大贡献。

阐述商业课题，最好的句型是：为了达成 X，我们必须做 Y，而不是做 Z。为了销售位于三亚的 1000 平方米豪宅，我们必须针对东北的有钱人，而不是当地的有钱人，因此业务人员对生意来源要有自己的观点，不能完全依赖企划人员，成为企划人员的寄生虫。业务人员一定要站在策略前端，负责策略大方向，这样才会不断进步。

提供竞争分析

竞争分析到底是业务人员的工作，还是企划人员的工作，一直存在争议。我站在帮助业务人员成长的角度，希望这项工作由业务人员承担，因为竞争分析是思考策略之前的基本功，能够培养业务人员的策略思考能力。有策略头脑的业务人员一定比只有业务思考能力的业务人员有前途，成长速度也更快。至于竞争分析的内容，除了收集竞品资料，还必须对其进行整理。要确定哪些产品特点是我有，但别人没有的；哪些是我有，别人也有，而且是同样突出的；哪些是别人有，但我却没有的。

竞争分析通常要分析 3~7 个竞品，根据消费者选择一个商品需要比对多少竞品来确定需要分析的竞品数量。例如，对于汽车，消费者一般会进行三选一；对于洗发精，消费者一般会进行七选一。竞争分析需要收集数量足够的竞品（不必过多）来做深入研究，研究各个竞品的核心消费群体。在对不同竞品主要消费者的描述中，除了关注年龄、性别、城市、职业等统计学上的定义，也要关注其他相关方面，以区隔市场，还要关注各竞品不同的用途和意义。竞争分析的内涵其实就是对竞争品牌进行定位，因此，不仅要收集竞品的资料，还要从目标对象、使用场景及差异化等方面进行分析、推测与判断。

这就是我对竞争分析的基本观点。此外，如果能获得业务人员根据上述竞争分析总结的心得与建议，企划人员便能如虎添翼。当业务人员在给企划人员的简报中附上一份完美的竞争分析时，企划人员一定深受感动，并会更加细致地推进相关工作。

提供足够的时间

策略和创意一样，只有经过足够的时间发酵，才会激发以前没人想到的创意。一个人可以在 20 分钟内根据经验构思大部分策略，但这些策略都是对别人想法的优化，而不是原生创意。企业如果追求创新策略，就需要一些时间发酵，就像一瓶酿造时间足够长的酒，人们打开瓶盖就知道是好酒，因为酒越陈越香。策略也一样，需要时间寻找灵感，所以如果业务人员能够为企划人员争取足够的时间，企划人员会心存感激。

为企划伙伴宣传

好的业务人员应该助力提升企划人员在客户心目中的地位。企划人员在客户心目中的地位越高，就越有说服力。可是企划人员在介绍自己时，可能会给人留下自吹自擂的印象。业务人员以崇拜的眼神向客户大力推荐企划人员，大声称赞，全心全意为其背书，则是一种比较有效的做法。因为企划人员比较专业，因而更有说服力，对业务人员而言，有了企划人员的帮助，可以避免无谓的成本。

创意人员要尽量清晰地与企划人员沟通。

对话，对话，不断对话

对话是什么？对话和讨论有何不同？辩论时，双方各持己见，并坚持己方的观点是对的，对方的观点是错的。讨论时，双方虽各持己见，但不固执地坚持己见，会更为客观地讨论哪个观点比较好。创意人员和企划人员通过对话的方式，可以实现创新、突破，碰撞出全新的想法。由此可见，对话是最具建设性的谈话。

向企划人员要一个示范性广告

每个企划人员在做创意简报交接工作时，都应该先假设自己是工作流程的下一个环节——创意人员。假设自己作为创意人员接到这样的简报，能不能想一个创意来证明这份简报的可行性。有些创意策略根本毫无意义，虽然看起来有道理，但无法构思好的创意。例如，有一个法国品牌的酸奶在切入市场时，强调自己的口味不像其他外国品牌酸奶那样酸，也不会像国产品牌酸奶那样甜。当时，我手下那位企划经理的创意策略就是：不太酸，也不太甜的酸奶。对于这种"不太酸，也不太甜"的酸奶的简报，创意人员很难构思。不信的读者可以自己试着创作一个这样的广告。因此，企划人员要根据自己的简报先试做一个广告，如果连自己都构思不出来，就不要期待别人也能构思出来。示范性的广告不必很精彩，但必须创作一个示范性广告作为参照。其实，有时候企划人员做的示范性广告也可能是匹黑马，会成为不错甚至杰出的广告。因此创意人员要养成一个习惯，即要求企划人员做一个示范性广告，这样不仅可以确保工作交接的顺利进行，也可能让企划人员借此得到许多有用的刺激，丰富自己的创意。

与客户沟通要讲好听的实话

和客户沟通没什么技巧，就是讲实话，但是要讲好听的实话。实话有6个层次。第一层是天真无邪的实话——没有动机，没有目的。第二层是充满自信的实话，这种实话也充满智慧。第三层是不得不说的实话，说这种实话的人相信诚实是最佳策略。第四层是为了伤害他人而说的实话，如果有人以"老实说"作为开头和你对话，则表示他已经做好伤害你的准备。第五层是沽名钓誉的实话，说这种话是为了赢得一个很诚实的口碑。第六层是白色谎言，是一种在乎对方感觉的实话。记得以前我和我妈谈话都很不耐烦，要么用"老实说"作为开头，要么不断提醒她讲重点。我妈妈觉得烦了就告诉我："妈妈已经老了，活不了几年了。我不需要听实话，只想听好听的话。"永远对妈妈说好听的话，就是孝顺。现代人和自己最亲的人讲话最不客气、最没耐性、最没有礼貌，就是不够在乎彼此。我只和妈妈说好听的话，然而对客人则要说实话。幽默感不仅能让我们的生活多些乐趣，有时也能帮我们化险为夷。广告行业的人都应该拥有或追求一种特质：幽默感。

如何通过沟通搞定客户？有时，搞不定客户不是因为能力不足，而是因为级别不够，该求助上司的时候，不必犹豫。说服力有70%来自你的身份地位，也许相同的话，由老板来传达就会达到说服效果。

以前，我有个总是搞不定的客户。客户提供的简报没有重点，并要求我随叫随到，我的工作节奏一再被打乱，简报也被改来改去，约好的时间也变来变去，工作杂乱无章。对此，我深感无能为力，只好请老板和客户沟通。没想到在老板沟通之后，客户的领导制定了和代理商沟通的流程规则，他要求市场部员工只能在每周四交代工作，而且必须书面化且篇幅不超过一页纸，没有这页纸，代理商可以拒绝。这位英明的领导之所以确定这样的流程规则，是因为这是组织的自我要求，要打造一个纪律严明的员工队伍，凡事必须先要有规划和计划。一张纸可以强迫团队聚焦，想清楚自身需求，而且书面化的形式也显示了负责任的态度。之后，我们的工作有了节奏感，提交给客户的方案质量大大提高，真正实现了双赢。这些都是我的老板亲自沟通的结果。

如何保有对广告的热情

一个广告人除了天生对广告有兴趣，对广告的持久热情还来自源源不断、大大小小的成就感。当你持续拥有足够的成就感时，自然就会热情不减。然而要拥有足够的成就感，就必须坚持不懈，全力以赴，要以专业精神对待每一项工作，每一个细节都不能放过，除此之外，为了成功，你必须忍受痛苦、煎熬的磨炼，经历担惊受怕的过程，才能大胆冒险，最终获得突破性的创新作品，赢得世界级的荣誉。避风港虽风平浪静，却无聊透顶，你应该强迫自己勇立潮头，勇往直前。

要想热情不减，也要控制压力。我们面对的压力主要来自时间和自我要求。我唯一一次差点崩溃，就是因为压力太大。我年轻的时候承接了一个新车发布会项目，有三个月的准备时间。我花了两个月准备方案，希望一次就通过。结果方案没通过，我又花了一个星期重新准备，还是没通过。这时，离新车发布会只剩一个星期，眼看就要无力回天了。压力太大，实在做不下去，于是我就打算做个逃兵，向老板提出辞职，没想到我当时的老板宋秩铭却说："客户流失就流失了，你别走。"我顿时压力全消，发挥潜力，全力以赴，新车发布会如期成功举办。大卫·奥格威认为世上没有不可能的事，并且处处是压力。"努力工作不会死人"，"你如果做不好，就回家种花好了"，他的这些话都是劝人认真工作、努力工作的，显得硬邦邦的。我反而喜欢李奥·贝纳所说的，"伸手摘星，即使摘不到，也不会弄得满手污泥"。这句话很解压，很人性化。我常默念这句话，帮自己在奥美渡过难关，获得做广告的快乐，并乐此不疲。

业务人员如何应对"要好还是要快"

客户要求在更短的时间内交付方案，创意人员要求更长的时间构思，业务人员夹在中间里外不是人……其实这是必然现象，业务人员必须认清现实，这是职业属性使然，因为你是被广告公司雇用的，当然要维护公司利益。公司最大的收益来自为客户提供最好的作品，好作品不仅可以让公司保有客户，而且可以提高收费标准。创意则需要足够的时间来发酵，才能有突破性的作品，事实上，每次赶工的作品基本上都不会让客户满意，也更可能让公司失去客户。客户必须尝到优秀作品带来的甜头才会继续和代理商合作，所以最佳创意总是寄托在最强的业务人员身上，业务人员必须有强大的心智和敏锐的眼光，在这个"要好还是要快"的纠结上取得平衡。否则效率虽然高了，但没有提振销售额，一切都是徒劳。

与客户交往并不一定要打成一片

你不一定要和客户打成一片，而是要互相欣赏、互相尊重。夜晚加班时，你和客户吐槽自己的公司，抱怨自己的工作，第二天，客户对公司形成刻板印象，对你的评价也在潜意识中打了折扣。客户永远是客户，不是你的知己。本质上，你们是一种商业合作关系，你和客户再怎么熟悉，也要保持一个安全距离，这样才能彼此尊重。和客户最好的交往，就是对他的生意保持长久、浓厚的关心与关注。聊天最好的话题是问他一些关于生意的问题，除了表达强烈的学习意愿，也借此了解客户的生意。例如，你可以问他有关4P（产品、价格、促销、渠道）的问题，产品有什么改进，价格为什么这样设定，渠道有什么进展，在促销方面自己可以提供什么帮助。这些市场营销学的基本要素虽然古老，但是历久弥新，在现代营销领域，它们基本上仍是万能的营销工具。

我原来想做一个贸易商。我年轻的时候，贸易是台湾最热门的行业，只是我在找工作的时候，随意应聘了贸易招聘广告旁边的广告文案工作。在广告文案的笔试中，16个应聘者每人分到一包零食。面试官要求我们当场写一个零食广告文案，我写的是"小心，别被老师抓到了……"。交文案的时候，助理先翻阅了一下，看到我的文案，她就笑了起来。果然不久，她从总经理办公室走出来说："叶明桂留下，其他人可以走了。"好残酷的时刻，我就这样被叫进总经理办公室，被总经理面试。本来我俩相谈甚欢，直到我被问到什么是4P。因为我没学过市场营销学，所以答不上来，我因此没有被录取。当时，我以为广告业必须从业务做起，于是应聘客户主管工作，就这样开始了我一生的广告生涯。4P也成为我最爱向客户提的问题。

客户主管的进步需要难缠的客户

如果足够幸运，刚入行的客户主管可能会分到一个"不可理喻"的客户。在刚入行的前两年，"不可理喻"的客户让我们明白如何应对难缠的客户，如何做好时间管理，并能让我们潜心学习这个行业必备的专业知识，他们可以加速我们的学习与成长。有效应对"不可理喻"的客户是初级客户主管最基本的功课。另外，客户主管最好的功课就是专业、认真地写会议记录。会议记录要在杂乱无章的会议中理出有条理的内容，它看似简单，其实不简单。会议记录有以下 4 个重点。

1. 只写会议目的和结论，过程不必面面俱到。
2. 结论是什么人要在什么时候完成什么事。
3. 会议记录用 1、2、3……标注，这样比较方便定位。
4. 只用动词和名词，不用形容词。

初级客户主管把会议记录写好，不仅有助于推动工作，也是让老板看见自己努力的最直接证明。如果连续做了 3 年客户主管工作，都只是处理文书上的小事，每天的工作都是千篇一律，那就要反省自己为何没有晋升做更高层次的工作，或者就要考虑换一家公司甚至换一个行业了。

好创意必须和策略相关

和策略巧妙的相关性

策略是指说什么,创意是指如何说,以及如何说得奇妙、耐人寻味,所以好的创意必须和策略相关,但这种相关性却是一种看似不相关的相关性,因为太直接相关的作品不会耐人寻味。猫和冰箱有什么相同点?比如,都能装食物,都是冷冷的(猫看上去比较高冷),都有四只脚,都有"尾巴"……其中猫和冰箱都有尾巴感觉比较有创意,就是因为看似不相关的相关性,尾巴的相关性意想不到,比较奇妙。

是没有人做过的、新鲜的点子

好的创意必须创新、突破,也就是以前没有人想过或做过的点子、想法。现在很多创意人员在思考创意时经常找过去相同课题的案例来参考,或对其进行优化。这种通过优化过去案例得到的创意,只能算是二流创意。如果要寻找参考资料和刺激物,我觉得应该参考"生活"这本大杂志,用看似不相关的生活经验来强化创意选题,这样可能激发全新的创意。追求没人做过的东西,是一个创意人员的基本素质。在时间的压力下每次都做到这一点,实在不是一件容易的事。

具备延展性，可以持久，也可以放在各种接触点上

创意要做到可以在时间与空间上延展，就必须满足单纯的诉求，否则很难在不同的接触点上进行复制。在30秒电视广告盛行的时代，追求的是可延展的创意，即一支广告的叙事手法，是可以复制到两三年甚至10年以上的创意作品中的。这个方式已经过时，现代媒体的接触点更广、更不同、更复杂，而且用户接触的时间越来越短，所以现在我们追求的不是可延展的创意，而是平台创意。

讲了创意，我想再提一下概念。

概念和创意这两个名词现在很少用，我之所以在此提及，是因为我认为在当下的创意环境中，大部分传播都只追求马上见效，只追求流量和销售，而忽视了品牌积累。降价可能暂时提振销售额，但不能形成可持续的销售力，这样的商品或服务迟早会随着市场泡沫破灭。概念与创意是梳理积累品牌资产时的关键词。概念就是你要讲的故事是什么，创意就是你讲故事的方法是什么。左岸咖啡馆要讲的故事是享受孤独，这是概念。让一个单身女子去法国左岸咖啡馆品尝咖啡，这是创意。概念是把粽子连在一起的绳子，创意就是这些粽子。人们想吃粽子，而不是绳子。

好的课题就是能对症下药,
并且刺激思考的好问题。

定义正确的商业课题

好的企划和好的执行都源自好的课题。什么是好的课题？就是能对症下药，并且能刺激思考的好问题。其实，课题有许多不同层面的挑战、任务与目标，本章要探讨的是商业目标，商业目标注重分析生意从哪里来、怎么来。

商业目标的拟定来自商业环境分析，通过商业洞察找到实用的方法推动客户业务增长。商业环境分析要从企业（company）、品类（category）、竞争（competition）、消费者（consumer）、渠道（channel）五个方面进行，即5C。

商业环境分析的五大维度

企业：企业真正想要的是什么？

这要从基本的问题开始分析：

1. 你需要销售多少产品？在多长的时间内完成销售？
2. 价格是多少？利润率是多少？
3. 目前具体的用户量是多少？必须新增的用户量是多少？
4. 营销预算是多少？
5. 可充分利用什么资产或社会事件？
6. 企业最想达成的 KPI 是什么？
7. KPI 能否被量化？
8. 达到 KPI 最大的阻碍是什么？
9. 企业有什么可以利用的资源？
10. 如何衡量品牌是否成功？

品类：应该如何界定品牌所处的类别

可以通过以下问题来思考：

1. 人们如何看待我们产品的品类？
2. 我们的产品可以属于哪些品类？
3. 这些品类的规模如何（如市场渗透率、数量、销售额、利润等）？
4. 这些品类是呈现增长趋势还是下降趋势？
5. 我们的产品在这些品类中的份额是多少？
6. 我们的产品应该属于什么品类？
7. 这个品类对应哪个大需求？
8. 我们的产品最大的特点是什么？
9. 我们的产品还能归入什么品类？
10. 归入其他品类，会有什么好处？

竞争：竞争对手的策略与定位是什么

可以通过以下问题来分析：
1. 谁是你的主要直接竞争对手？
2. 谁是你的主要间接竞争对手？
3. 是否存在需要防备的新的潜在竞争对手？
4. 竞争对手的产品或服务的价格是多少？
5. 它们现在的诉求是什么，曾经的诉求是什么，是如何被传播的?
6. 它们的媒体预算有多大，曾经是多少?
7. 它们的销售额有多大?
8. 它们的产品或服务主要卖给谁?
9. 它们的主要卖点是什么?
10. 和它们相比，我们的优势和劣势是什么?

消费者：谁是我们最有意义的潜在客户，他们需要什么、想要什么

可以通过以下问题来深入了解:
1. 产品可以吸引哪种消费者?
2. 如何细分市场?市场如何区隔最有意义?
3. 这些细分市场的消费者、销售及利润差别是什么?
4. 他们喜欢或厌恶品类的哪些方面?
5. 他们喜欢或厌恶品牌的哪些方面?
6. 他们喜欢或厌恶竞争对手的哪些方面?
7. 他们是谁?
8. 他们是哪类人?
9. 我们的产品满足了他们的什么需求?

10. 他们有什么需求没有被满足?

渠道:渠道通路和销售环境如何

可以通过以下问题进行总结:

1. 产品在哪儿销售?
2. 销售产品的过程如何?
3. 我们的市场份额是否非常依赖分销渠道?
4. 分销渠道是成功的关键吗?
5. 销售渠道的主要趋势是什么?
6. 这些渠道如何看待你的品牌和产品?
7. 产品如何在商店中摆放?
8. 渠道的硬件优势、劣势如何?
9. 渠道的软件优势、劣势如何?
10. 渠道需要改变吗?怎么改变?

对于以上5个方面的50个问题,你如果有了七成把握,自然就有了方向感。但只有感觉是没有办法形成一个聚焦的商业目标的,必须思考生意从哪里来、怎么来的问题。这个思考其实就是先做一些定位假设,进而选择成长的路线和方法。定位就是：对XX而言，我是XX，能给你XX。于是，我们首先要思考：产品或服务卖给谁拥有最多的销售机会？要将产品或服务定义成什么品类才有最大的成长空间？要满足消费者的什么需求，才能获得最高的收入？我们可以通过下面两个思考框架拓展思路。

生意从哪里来

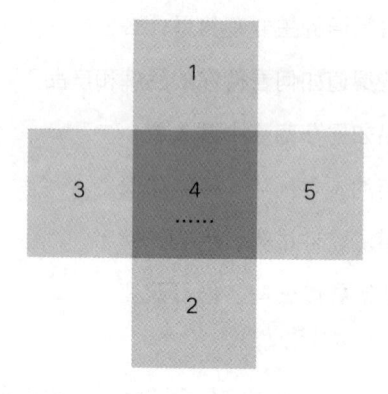

```
        1
    3   4   5
       ……
        2
```

1. 生意可以从全新的消费者，即从未使用过商品的新消费者而来。
2. 生意可以从增加现有消费者的消耗量而来。

3. 生意可以从抢夺竞争品牌的消费者而来。
4. 生意可以从防止竞争品牌抢夺我们的市场占有率而来。这种方法虽然保守，但很实际。
5. 生意可以从创造新的用途、开拓全新的市场而来。

培养新的消费者，必须创造消费动机，或是介绍新的使用场景或用途，满足消费者新的需求。当然，也可以降低购买门槛，例如，降价促销，让人买得起。

我们可以增加消费者的消耗量，让消费者多买一点。可以唤醒消费者使用商品的美好回忆，再次体验商品带来的乐趣与快感，以此激发消费者更多使用产品。

提供比竞品更优惠的价格也是一种手段，但是我认为降价会失去营销的价值，所以要找到竞品没有而我独有的特点，或是提供比竞品更多的利益——不一定是实际的利益，情感上的共鸣也是一种利益。

防止竞品抢夺市场份额。开展营销工作绝对不要自我欺骗，当竞争对手生产出比我们的产品更优秀的产品，我们应该正视这个事实，不必空喊增长口号，而要不断巩固市场壁垒，减少市场份额流失，并且积极优化自己的商品，进而恢复竞争力。

创造新用途。例如，由于时代进步，超市采购便捷，苏打粉的用量大大减少，于是苏打粉重新定位为除臭剂，进入了新的品类，开拓了新的市场。

生意从哪里来？针对"产品卖给谁"这个问题，首先要进行市场细分。

首先将市场一分为二，一边是使用者，一边是非使用者。

| 50
非使用者 | 50
使用者 |

假设市场上有100个人，使用者与非使用者各占一半，即50∶50，接着画一条横轴，将使用者分为重度使用者与轻度使用者。按照二八法则，假设重度使用者占20%，轻度使用者占80%。

于是重度使用者有10个（20%），轻度使用者有40个（80%）。重度使用者的标准必须明确，例如，每天喝一瓶酒算是重度使用者，每天吸一支香烟不算重度使用者。

50% 非使用者	50% 使用者
	10 重度使用者 20%
	40 轻度使用者 80%

非使用者可以被分为两类：一类是曾经使用产品，但是现在已经不再使用的人，也就是拒用者；另一类是从来没有使用产品的人，也就是潜在使用者。假设拒用者和潜在使用者的比例是 3∶7。

50% 非使用者	50% 使用者
15 拒用者 30%	10 重度使用者 20%
35 潜在使用者 70%	40 轻度使用者 80%

那么在市场上的 100 人中拒用者有 15 个，而潜在使用者则有 35 个。一般我们不必将精确的市场数据作为参考，

只是借助它将市场一分为二，以此直接判断哪种消费者比较多，哪种消费者比较少，两者之间有多大差距。如果再根据品牌偏好度分析市场相关数据，就会使市场分析更加立体，比如偏爱我们公司品牌的人占40%，偏爱其他品牌的人占60%。这时，市场细分就变得更精致、更有意思了。

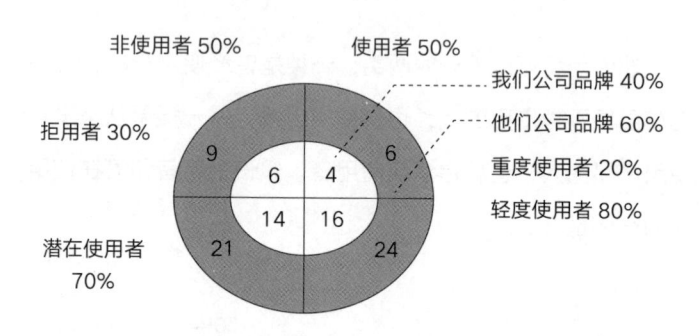

非使用者 50%　　使用者 50%
我们公司品牌 40%
他们公司品牌 60%
拒用者 30%
重度使用者 20%
轻度使用者 80%
潜在使用者 70%

9　6　4　6
14　16
21　24

假设我们选择进一步分析轻度使用者，这时出现了一个值得深度思考的问题，是让16个喜欢我们公司品牌的人增加使用量，还是抢夺竞品的轻度使用者？是选择人数较多的轻度使用者（24人），并将其转化成我们公司品牌的重度使用者，还是选择人数较少、偏爱我们公司品牌的潜在使用者（14人）？这些潜在使用者虽然尚未使用我们生产的商品，但主观上已经认可我们公司的品牌。根据企业发展阶段的不同，我们要灵活调整相关方案，全面把握消费者的行为与态度，进而明确商业目标。

产品或服务卖给谁永远是我们首先要思考的课题，商业目标不仅仅是一个销售目标数字，更要系统确立一个目标，这个目标是全方位思考的结果。

还有一个分析生意从哪类人而来的模型。首先，在横轴上将消费者分成两种，一是在乎他人看法的人，二是在乎自己感受的人。其次，在纵轴上将消费者分成两种，一是外向、高调的人，二是内向、低调的人。

	在乎他人看法	在乎自己感受
外向，高调	a	b
内向，低调	c	d

根据上图，可以将消费者分成 4 类：a.在乎他人看法又外向、高调的人；b.在乎自己感受又外向、高调的人；c.在乎他人看法但内向、低调的人；d.在乎自己感受但内向、低调的人。想想你是哪种人？牧师、传教士是哪种人？这些职业适合哪种人？答案不是 a，而是 b。传教士都希望别人相信自己的观念，希望别人皈依，他们往往较为高调且控制欲较强。

有了这些工具，你就可以将自己的洞察提炼成具体且清晰的商业目标了。

表述商业目标最好的句型是"为了达成 X，我们必须做 Y，而不是做 Z"。X 代表具体的目标，Y 代表你计划如何达成目标，Z 代表最显而易见的策略。"而不是做 Z"十分重要，因为有了这段描述，将强迫我们思考更好的策略，而不是一般想法。例如：

> IBM 为"全球商务服务"的销售创造了价值 28 亿美元的收入，我们通过向 CEO 推广新解决方案，而不是依赖 IT 主管，达成这一目标。
>
> 为将品牌利润率提高 4%，我们通过将 15% 的用户转化为高端的 Mystique 系列的用户，而不是一直重点关注普通用户，实现了这一目标。

然而向 CEO 推广新的解决方案，似乎只是明确了销售对象，却没有说明要对这些 CEO 做什么，才能带来 28 亿美元的收入。将 15% 的用户转化为高端系列产品用户，也没说清楚怎样才能促使他们使用高端系列产品，所以商业目标表述不够清晰。为了更加清晰地表述商业目标，我们针对各种情况,尽量深度思考,将我们原来的策略Y当作目标,思考其达成的合理性、障碍、挑战,我称此为商业目标二次元,可以使用"通过A,而不是B,来达成Y"的句型,再一次提炼更深刻的策略想法。

商业目标的落地与执行

海南万通

商业环境

企业
7个月卖出1000套1000平方米的住宅

品类
三亚海岸线上的现代高端休闲度假产品

商业目标
你想要达成的目标是什么?如何达成这个目标?

渠道
客户自己的代理公司和中原地产,在各方面没有明显的优势,中原地产在北方的优势有限

竞争
基本同质化,而且清水湾半山半岛是高端品牌,客户来三亚必看

消费者
东北、长三角客户是三亚所有房地产项目都会争取的一批人

定义正确的商业课题　　037

商业洞察（一）

从商业环境分析中我们可以看到，海南万通的竞争力和竞品的差不多，目标消费者和竞品的也差不多。若要实现差异化，只有从品类的定义来切入。深入了解产品后，我们可以发现，在产品设计方面，海南万通的住宅设计偏向酒店风格，比如宽敞的进门大厅、宽大的海景窗等。

商业目标一次元

为了达成7个月卖出1000套1000平方米住宅的KPI，我们必须设计新鲜、有趣的酒店投资品，而不是一般的休闲住宅。

商业洞察（二）

第一，房地产主要靠地推，客户的渠道优势在南方，在北方处于弱势，然而客群却主要来自到热带地区置业的北方人。

第二，一般人认为，香港比较繁华，香港人精明能干，北方人常常去香港旅游，香港的生活方式对内地有借鉴意义。

第三，让在三亚的北方人与香港"生活大师"产生关系，让两者在香港的购物休闲体验中相遇，让10%的香港消费者直接影响90%的内地消费者。

商业目标二次元

为了打造新鲜、有趣的酒店投资品，我们将香港作为向在三亚的北方人销售的主战场（大量的购物者及观光客），而不是在东北进行分销。

有了商业目标之后，要如何落地？要将商业目标拆分为几个可执行的小目标，这样就能明确一整年的项目，知道一年内要做哪些项目的设计。不同类别的产品、不同的商业目标会因为选择的传播节点不同而有不同的规划。传播节点主要是根据消费者的购买决策过程或者人类消化信息的过程设计的。

下面介绍设计传播节点的几个模式。

第一个模式：Why, How, What。

根据脑科学的研究，人类接收信息最有效的步骤就是先谈 Why，再谈 How，最后谈 What，即要从抽象的感觉开始谈为什么，先争取好感，再来谈怎么办及有什么。想要有效地说服他人，就要先感性，后理性，这符合人脑接收信息的规律。被感动之后，人才会让大量的信息进入大脑并消化。一般人的认识是，要先介绍较为清晰的部分，如我们的商品是什么、它为什么好、好在何处，也就是先讲产品的利益点，再讲可被消费者相信的理由和支持点，最后考虑要不要强调品牌情感诉求。

其实，依照脑科学原理，应该是相反的顺序。所以在设计传播节点时要先介绍 Why，Why 就是我们的初衷和理想，以及对人类的主张，借此引起消费者的好感与兴趣，然后根据品牌的价值观，说明商品是如何做到这些的，最后介绍商品的特点与优点。

第二个模式：A-I-D-A。

这是一个传统却历久弥新的传播节点设计方式：首先引起消费者的注意，其次激发其兴趣，再次激发欲望，最后推进行动，达成购买。

第三个模式：A-I-D-A 模式的优化版。

鼓励考虑 → 发现与采购过程 → 转化/购买行动 → 顾客使用过程 → 效应放大。

第四个模式：六步购买法。

也就是说，产生需求，考虑要求，收集信息，比较判断，体验验证，刺激购买。当我的头开始疼了，我的需求就出现了。在这一前提下，我思考有哪些商品可以满足我解决头疼问题的需求。这时，我如果担心药物的副作用，就可以去做头部按摩。我如果希望立刻缓解症状，可以选择吃药。如果我头疼剧烈，决定吃药，那么我便会主动搜集信息，看看市面上有哪些药可以快速解决头疼问题。结果我发现，阿司匹林伤胃，必理通伤肝。伤胃的问题不大，但肝要是出了问题，一般很难医治，所以我最终选择了阿司匹林。在阿司匹林的品类中，我选择知名品牌拜耳。吃完药不久，我的头就不疼了，所以我的体验很好，如果下次头疼，我还是会选择拜耳的阿司匹林，我也会向别人推荐拜耳。这就是一个完整的消费者购买决策过程。在传播的每个节点，我们都要找到品牌在其中所扮演的角色或者要传播的信息。

当然，并非所有商品的购买步骤都千篇一律。例如，当有人需要买电吉他时，他们会直接从产生需求跳到比较判断，因为他们会选择心中偶像歌手使用的电吉他品牌，挑选自己买得起的电吉他。在实际购买环节，他们甚至完全不去试弹、比较，而是直接购买。

另外，当商品具有自身特色、购买风险较高（买错会很后悔）时，例如苹果电脑这种高价商品，消费者的购买决策过程一般是：先知道这个品牌，并且充分了解它的功能，具备足够的知识，并且形成偏好，最后做出购买行为。如果是购买风险低、没有特点、与竞品差不多的商品，人们想到知名度便直接购买，通过试用形成品牌偏好，最后才有兴趣了解它的成分、制造等相关信息，来丰富自己的见识，满足好奇心。比如香水这种价格高又没有太大差异化的商品，当其有了知名度之后，客户会通过试闻来形成看法，看看自己是否喜欢这个味道。如果喜欢，就会看看它的成分、品牌故事、制造厂商的信誉，最后做出购买决定。

以上这些节点模式只是参考，我们要根据商品类别和商业目标的不同优化既有模式，最好通过充分调研来确定消费者购买的决策过程。

选择了一种模式之后，就要根据每个节点深入思考：在这个节点，消费者有什么想法，他的状态如何；在这个阶段，有哪些消费者对品牌持有正面、有利的看法，哪些消费者对品牌持有负面、不利的看法。我们要决定是化解消费者对我们的负面看法，还是放大消费者对我们的正面看法。然后确定在这个节点，消费者的什么看法有利于达成阶段性目标。最后，我们开始描述在这个节点应该做什么，也就是在这个节点传播应该完成的任务，这个任务就是根据商业目标制定的小目标、小课题。

下面举些例子。

A. 在激发消费者兴趣的节点，我们如何让消费者建立对品牌或产品的认知？具体方法包括：

1. 强化情感联结。
2. 引导人们了解品类。
3. 引导人们了解品牌或产品。
4. 挑战品类的界限。
5. 矫正对品牌或产品的错误观点。
6. 彻底改变消费者的日常习惯。
7. 激发兴趣。

B. 在发现产品与采购的节点，我们如何激发消费者对品牌的兴趣？具体方法包括：

1. 激励消费者与品牌互动。
2. 激发实际试用的欲望。
3. 示范产品的优点。
4. 收集潜在消费者的详细信息。
5. 凸显品牌或产品的不同之处。
6. 提升消费者的好奇心。

7. 向消费者灌输购买的理由。

C. 在转化及购买行动的节点，我们如何改善销售环境？具体方法包括：

1. 鼓励即时行动的紧迫性。

2. 提醒消费者产品的优点。

3. 促销优惠，提供折扣品牌的系列产品。

4. 限制消费者在商店的选择。

5. 找到更多的试用者。

D. 在顾客使用的节点，如何培养品牌用户的忠诚度？具体方法包括：

1. 培养新产品的使用习惯。

2. 游说影响产品使用的人。

3. 保留现有消费者。

4. 推动消费升级。

5. 丰富消费者的详细信息。

E. 在扩大影响力阶段，我们可以做些什么？具体方法包括：

1. 建立一个围绕品牌的社群。

2. 进一步投资。

3. 收集具体反馈。

4. 动员影响决策的人。
5. 推动口碑营销。
6. 利用现有社群。

我们要将大目标分解为数个小目标。首先,通过 5C 分析,搜集整理资料让自己有一个整体感知。之后使用定位工具,确立商业目标。接着分析消费者的购买决策过程来决定传播过程的具体节点,并将这些节点具象化。根据这些具体目标,制定传播策略,即可形成创意简报。

所有的策略做的都是
从 A 点到 B 点的功课。

策略的原点

理解策略

所有的策略做的都是从 A 点到 B 点的功课。A 点就是此时此刻消费者是怎么想的,B 点就是未来经过传播之后,我们期待消费者怎么想。设定从 A 点到 B 点的内容就是设定我们的传播目标,这正是传播或广告应该扮演的角色。

A 点,通常来自我们对消费者如何看待我们的产品或品牌的深刻洞察。这种洞察最好是经过科学调研(如定性调研和定量调研)得来的。通过调研,我们可以对以下三个问题有更清晰的认识。

1. 有哪些不利于产品销售的现象。例如,某个商店的售价过低。便宜没好货,这个商店销售的可能是劣质或过期商品。

2. 对于产品类别有哪些根深蒂固的偏见。例如，许多人认为化学成分过多的洗发水不如天然成分较多的洗发水，认为化学物质必然有害健康。
3. 对品牌有哪些直观的负面感受。例如，人们认为旁氏是老旧品牌，不是年轻人的选择，品牌老化成为严重问题。

如果在确定 A 点之前，有个明确的业务课题或市场任务，例如，如何让轻度使用者变成重度使用者，那么这时的 A 点就是探讨消费者使用量不大的原因，或者思考如何阻止用户流失，看看他们不进一步购买的原因。

B 点绝对来自我们对生意的看法，以及设定的传播目标。例如，我们若想夺取竞争者的市场，抢占 5% 的竞品用户，那么在描述 B 点时一定要使用消费者的语言："我觉得那个产品似乎比我现在使用的这个产品更好，我下次打算买那个产品试试看。"当然在描述 A 点时也应该使用消费者的语言。为什么对于 A 点、B 点都要使用消费者的语言进行描述呢？因为只有使用消费者的语言，才能真正进入消费者的内心，感知传播所要实现的目标。将生硬的市场任务转化为消费者内心的生动想法，有利于创造代入感。要改变消费者的行为，先要改变他们的想法，想法改变了，才能带来行为改变。

近期，出现了一个新的理论。该理论主张在数字时代，先有行为改变，才会有思想改变，重复几次这样的行为，就会养成习惯，而认为这个习惯十分合理之后，它就会成为信念，于是对 A 点、B 点的描述也可以是消费者的行为，而不一定是消费者的心态。例如，A 点是"路过那个店面，从来不会注意到它的存在"，B 点是"当我坐出租车经过那个店面时，我会让出租车司机掉头，以便能在那个店面门口停下来"。

世上有太多的广告将 B 点当作广告的信息，直接将希望消费者怎么想自己的产品或将品牌转化为广告标题进行传播，例如，"世界第一的高端床垫"，"全国首屈一指的经典楼房"，"业界领头羊"。这些所谓直接、大气的口号其实并不会产生促进销售的作用，因为它们只是我们希望消费者怎么思考的广告，也就是 B 点。传播真正的施力点，不是 A 点的共鸣，也不是 B 点的意图，而是 C 点。C 点才是信息，指的是广告要强调什么，才能让消费者的想法从 A 点转换至 B 点。

再举个例子来说明 A 点、B 点、C 点的关系。早些年，我经常去厦门谈生意，因为我们在厦门有个办公室，客户多是厦门周边的福建客户。有一次我去了南安，回到酒店已经是晚上 9 点半，所以想回房休息，但是同事邀请我去不远的洗脚店按摩。他说："现在才 9 点半，离睡觉时间早着呢，不如咱俩去洗脚店放松一下双脚，那里的技师手法很高超。"所以A点就是"回房休息"，B点就是"早着呢，去按摩吧"，C点就是"技师手法很高超"。这就是用C点的话术打动有A点想法的人，让他采取B点的行动。其实，C点的信息就是刺激物。

C点的信息可以有很多不同的假设，我的同事也可以告诉我："上星期有人在咱们那间客房上吊了，他的鬼魂会在每天晚上9：30出现，并在房间徘徊一个小时。我们不如去按摩一下，避避风头。"（当然这是为了方便读者理解瞎编的故事。）至于具体怎么传播，除了依靠直觉，主要根据A点想法背后的消费者洞察。

其实C点只是信息，并不是策略。真正的策略是D点，D点就是C点的信息为什么能让消费者改变行为或想法。"技师手法很高超"的策略是"引诱"，"上吊"背后的策略是"恐吓"。恐吓和威胁相似，但是又有所不同：威胁是你只有抓住别人的小辫子，才能达到威胁的效果；恐吓是直接的暴力语言。所以我们要想具备过人的策略能力，除了分析文字含义，还要积累与传播任务相关的动词。而D点就要用动词来表达，我称这些动词为"策略动词"。一个策略之中若没有一个策略动词，就是一个无法发挥作用的策略。策略动词是整个策略的灵魂，就像发动机之于汽车，是最重要的零件。策略动词就是你策略的点睛之笔，一个没有点睛之笔的策略，不算真正的策略。

当拟定了 D 点的策略动词之后，我们就要思考 E 点和 F 点。E 点就是怎么让 D 点的策略动词更直白。F 点就是怎么让策略动词更有感觉。就洗脚店的例子而言，可能就需要说明洗脚店的技师服务周到，这样表述更加直白。

此外，如果我们拟定的是数字传播策略，还要多一个维度，就是 G 点——如何让信息被更多的人关注，也就是思考人们为什么要在乎你的信息，这个信息和人们的生活、价值观或是社会舆论有何关系。G 点最好是一个有争议的话题，让数字传播产生病毒传播的效应。

完整传播策略的思维架构

多年前，我参加了三菱汽车的一场比稿，最终不仅赢得了比稿，还创造了当年在车坛最有名的成功案例。台湾的三菱汽车进口了一批日本原装的汽车：1000 辆三菱晶钻，但一个季度内一台也没卖掉。寻找原因才发现，这款车和竞品丰田卡罗拉相比，空间较小，内饰也比较简单，卡罗拉的仪表盘是彩色的，而晶钻的却是黑白的。同时，卡罗拉的底盘比较舒适，不像晶钻硬邦邦的。此外，晶钻还有许多不尽如人意的地方。总之，晶钻应该比竞品便宜，但却比竞品贵了近10万新台币。后来我才知道，因为台湾三菱和总公司在谈判时的引进价格过高，所以进价特别高，售价只能更高。

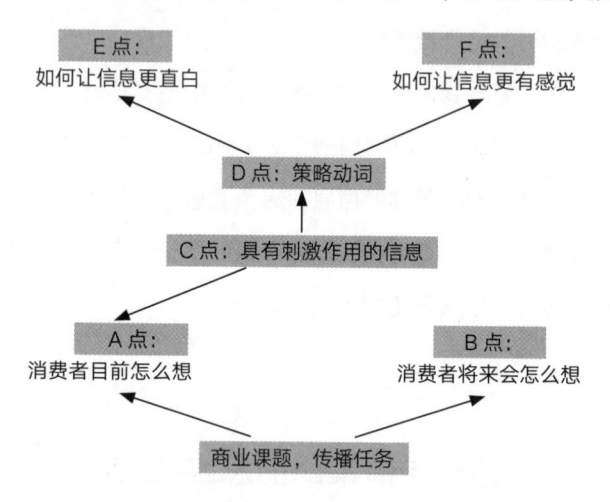

```
E点：                          F点：
如何让信息更直白              如何让信息更有感觉
         ↖                    ↗
          D点：策略动词
              ↑
         C点：具有刺激作用的信息
         ↗                    ↖
   A点：                        B点：
消费者目前怎么想              消费者将来会怎么想
         ↖                    ↗
          商业课题，传播任务
```

我的确做了很多功课，比如访问代理商最会卖车的业务代表，并且找到三菱维修厂的首席工程师，了解这辆车的特质。晶钻的底盘仿制了路特斯跑车的底盘。其发动机其实是三菱跑车日蚀发动机的缩小版。跑车的悬架通常是比较硬的。所谓减震就是把一次大震动化解为大量较小的震动，于是乘坐者感觉不到震动，然而根据能量守恒定律，人类的脑神经可以感觉到这些被分解的震动。这也是为什么乘坐凯迪拉克上山容易晕车,而坐吉普车上山不易晕车。跑车必须对路面状况反应敏感,驾驶员在驾驶时才能得心应手,所以跑车的悬架较硬。此外,跑车的仪表盘通常是黑白分明的,方便驾驶员在高速驾驶过程中,低头一瞥就能看到车辆相关信息。由此可见,晶钻是地地道道的跑车,但为什么给它配了一个毫不起眼的轿车外壳?人们为什么会购买这样一台"伪装的跑车"?其实,当时只要有1000个这样的人就好。虽然这样的人屈指可数,但是确实存在。

世界上一般有两种人会购买这种"伪装的跑车"。一是那些因为工作原因不方便购买那种过于张扬的座驾的人,例如,官员或会计人员。这些人虽然也想享受飞驰的快感与驾驶的乐趣,但只有这种"伪装的跑车"才能满足他们在速度快感和身份地位之间进行平衡的需求。二是喜爱扮猪吃老虎的人。我坐在钢琴前面,所有人都投来不屑的眼光,然而我一出手就弹出一首美妙悦耳的曲子,大家立刻惊呆了。当我拿到一本全是法文的法式料理菜单,坐在我对面的女友用手捂嘴,等着我出丑,没想到我脱口而出地道的法文,这让她佩服得五体投地。我开着晶钻在红灯前停下,左边来了一辆奔驰,车上一家五口,天真无邪的小朋友摇下车窗,探出头指着我的车说道:"爸爸,你看边上这辆车好破、好难看……"右边停下一辆敞篷宝马,车上坐着一对情侣,美女挽着男友的胳膊,露出不屑的眼光。这时绿灯亮了,晶钻弹射而出,我在后视镜中看到奔驰与宝马被我远远甩在身后,一股正义终得伸张的快感油然而生……

一年之后,我发现还有一种人必须买这种"伪装的跑车"。那次我去台中见当地的一位地产大亨,他是个富二代,谈完生意,他亲自送我到门口等车。大门旁的停车位停放着五辆黑色的奔驰。只见开过来一辆小轿车,仔细一看原来是三菱晶钻,我想这是那1000辆中的一辆(当时因为广告效果太好,电视广告预算还没花完,1000辆车就卖光了,广告只得停了。我的绩效是按广告费提成,因此这一单没赚什么钱)。这时他说:"桂总,这辆小轿车是我以前开的,三菱晶钻。可别小看这辆车,它跑得很快!"我知道他的话没错。这时他的助理侧身在我耳边小声说了一句很清楚的话:"我们少爷小时候被绑架过。"原来如此,有钱人害怕被绑架,当然要买"伪装的跑车"。

总之,A点就是"最贵的轿车,价格不合理",B点却是"最便宜的跑车,价格超划算"。所以重新将三菱晶钻定位为跑车,而跑车的价格基本是轿车的三倍。C点的信息是

"伪装的跑车"。在信息背后的策略动词是重新定义,要让人们明白并相信这辆车是真正的跑车,必须在广告中强调它拥有跑车的各种配置。在风格与话语方面,我们以扮猪吃老虎的快感作为情感诉求。

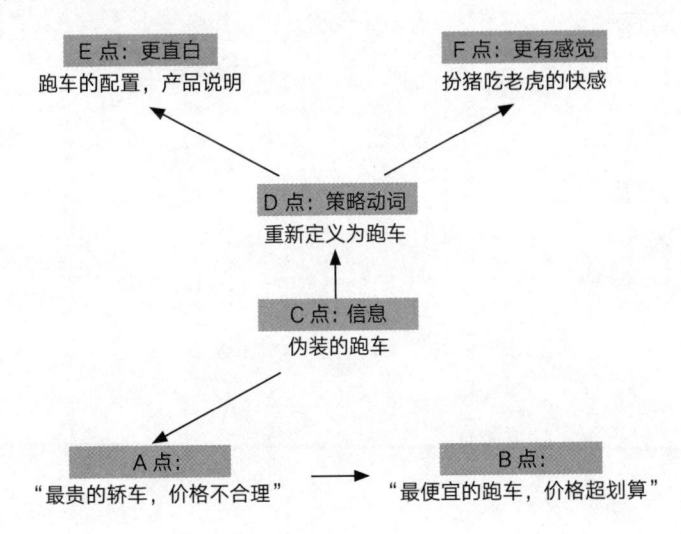

E 点:更直白
跑车的配置,产品说明

F 点:更有感觉
扮猪吃老虎的快感

D 点:策略动词
重新定义为跑车

C 点:信息
伪装的跑车

A 点:
"最贵的轿车,价格不合理"

B 点:
"最便宜的跑车,价格超划算"

策略的原点　057

创意源自看似不相关的相关性，
洞察可以提供创意的灵魂。

洞察

洞察是策略的灵魂。无论是商业策略、生意策略、营销策略，还是传播策略、广告策略、创意策略……在不同行业、不同层次的各种策略中洞察都是最重要的环节。洞察发生在确定目标任务之后形成解决方案之前。本书所讨论的洞察属于传播领域的内容，虽然范围较广，但并非放之四海而皆准。

什么是洞察

首先，我们收集并阅读大量资料，将资料消化成许多见解，当见解足够多的时候，我们就会产生观点，而这些观点背后的真相或人性便是洞察。通过观察消费者的行为，理解这些行为背后的动机与原因，最后找到人性需求的相关真理，也是洞察。

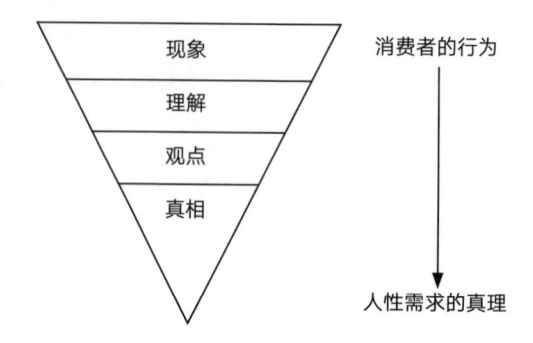

```
现象
理解      消费者的行为
观点
真相
          ↓
          人性需求的真理
```

什么不是洞察

请问年轻人为何不自己做饭?

1. 没空。

2. 不喜欢。

3. 不懂。

4. 被宠坏了。

5. 害怕失败。

答案是 5,年轻人担心做饭失败。洞察挖掘的是内在心理状态,不是表面的行为,不是消费者使用产品的态度与行为。

请问,当你年老时,为什么开始在乎自己的健康状态?

1. 你认识到自己快走到生命的尽头,应该珍惜健康。
2. 你知道如果自己生病严重,就可能负担不起昂贵的医疗费用。
3. 你怕失去独立自主的生活能力。
4. 你已经没有其他更重要的事需要如此关注。

答案是3。洞察是悟出来的,不是通过分析得来的。它是一种感性的共鸣,不是理性的判断。

请问,女性为何偏好油箱较大的汽车?

1. 可以无忧无虑地驾驶。
2. 加油站不是女性喜欢的购物场所。
3. 减少加油次数,可以节省时间做其他更有意义的事。
4. 油箱较大让女性在路上更有安全感。

答案是4。洞察是一种剖析,深入分析行为背后的原因,而不是单纯描述现状。

洞察是心理活动,而非行为表现。

洞察是感性共鸣,而非理性判断。

洞察是一种剖析,而非一项描述。

借由洞察,我们能获得关于未来的智慧。

我曾经听过一家调研公司的负责人介绍他们的成功案例，他提到一个关于刮胡刀的洞察。他们发现男人当要刮胡子的时候，总是会先脱掉衬衫，免得衬衫被水淋湿。对我而言，这只是消费者的一个行为，而不是真正的洞察。很多人将一些特别的消费者行为当作洞察，但这对广告策略毫无意义。另外，我还看过一篇有关快餐店的调研报告。报告中特别指出，当一个消费者要判断一家快餐店是否卫生时，就是看该门店的大门玻璃是否干净。对我而言，这也不是洞察，而是消费态度。

创意洞察：找到让信息活起来的支点

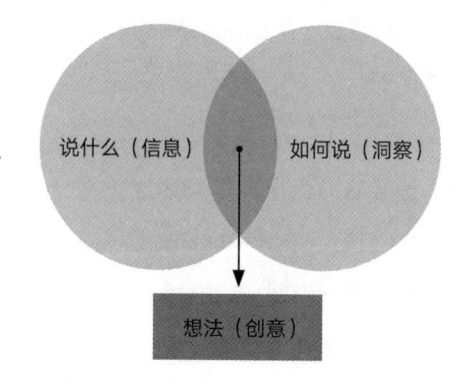

说什么（信息） 如何说（洞察）

想法（创意）

创意领域的洞察，就是如何表述事件背后的道理。当我们决定必须完成某个任务，我们的信息应该包含什么，这是策略。但是为了使这个信息更有冲击力，应该怎么说，这是洞察。洞察就是为了让冷冰冰的信息充满活力，刺激我们构思一个新鲜的想法。洞察要明确让信息活起来的支点是什么。

例如，某款瓶装茶想要传达其特点——只选用茶树顶端的茶叶制作而成的新鲜绿茶。要怎么表达才能更深刻、更有感觉呢？这时，我们要强调"茶树最顶端的茶叶只有一片，独一无二，不可替代"。因此，我们可以用"不可替代"的故事来让这支广告更有创意，而"不可替代"便是创意人员所需要的创意洞察。

塑造打动人心的广告

为什么如此强调洞察？因为打动人比说服人更能帮助销售，事实上，已经有统计证明感性作品带来的销量是理性作品的4倍。打动人的基本要素就是引发受众共鸣，这个共鸣源自作品背后的深刻洞察。

洞察也可以用来说服他人。全联超市的一支广告片描述了在该超市，不仅没有宽敞的过道、明亮的灯光、华丽的地板，也没有漂亮的制服、貌美的服务员，甚至没有停车场，没有刷卡服务，只有最实在的货物、最便宜的商品。全联超市的商品之所以便宜，是因为削减了不必要的成本。其他超市的此类成本大部分要由消费者承担，毕竟羊毛出在羊身上。洞察让人们更明白全联超市的商品为什么最便宜，因为人们明白了其中缘由，所以该广告片的说服力大大提升。

洞察更适用于打动人的广告，它能将平淡无趣的卖点变成有趣的销售故事。《空中英语教室》的卖点是其只聘用拥有专业教师资格证的英语老师进行教学。在它的一支广告片中，纽约街头的两个乞丐兴冲冲地讨论他们可以到台湾教英语，赚大钱，因为他们会说英语。任何说英语的人都可以教英语，说英语的人不等于好的英语老师，就是这个创意的洞察。

洞察让看似不相关的素材与产品特点有了相关性，让作品有了奇妙的创意。只有具备创意的广告，才会有助于销售。创意源自看似不相关的相关性，洞察可以提供创意的灵魂。

找到洞察需要相信直觉

当你内心喊出了"啊哈",就说明你找到了洞察。洞察不是发明,而是发现,而且往往源自潜意识,不是源自左脑,而是右脑。你无法证明洞察,但你就是知道。

苹果从树上掉下来,牛顿由此发现了万有引力定律。你自然可以分辨小的"啊哈"和大的"啊哈",例如,面对针对相同议题提出的两个不同观点,我们会在心里思索哪一个更加巧妙,是更好的洞察。

以下两个针对性爱的洞察,哪一个比较好?

1. 男人的梦想就是想要就有。
2. 性爱很美好,但后果很糟糕,小孩是摆脱不了的梦魇。

答案是 2,直觉告诉我们,第二个观点比较深刻。

以下两个针对中彩票大奖的洞察,哪一个比较好?

1. 哪天老子发了,就不用再辛苦工作了。
2. 中大奖的人,还是想工作,只是从此以后会更有安全感。

答案是 2,直觉告诉我们,这个洞察更切合实际。

以下两个针对中年女人抗衰老的洞察,哪一个比较好?

1. 被年轻帅哥误认为年轻辣妹,是件令人窃喜的事。

2. 若被儿子的同学欣赏,才是真正的青春永驻。

答案是2,直觉可以告诉我们,第二个洞察比较戏剧化。

以下两个针对真爱的洞察,哪一个比较好?

1. 愿意付出真实代价的才是真爱。

2. 要么不爱,要爱就爱一辈子。

答案是2,直觉告诉我们,中年女人比较接受第二个说法。

直觉?没错!就是要相信直觉的力量。

有位客户问我,人是先有逻辑再有想法,还是先有想法再有逻辑呢?

我认识的最杰出的企划人员都是后者,他们都是先有想法,再将其合理化,能够被合理化的想法就是优秀的方案。

洞察是悟出来的,不是通过逻辑分析得出来的。若你找到洞察,你通过直觉就能发现它们,之后,你要尝试通过分析将其合理化。

找到洞察的两种方法

要想找到洞察,我们首先必须像5岁儿童那样对天底下的每一个事物都充满好奇，用好奇心来吸收、消化生活体验。除了认真生活，还要养成大量阅读的好习惯。阅读书籍，看短视频，看电视、电影，观人生百态，广泛接触各类人，深度体验生活。所谓深度阅读，就是用自己的心理解作者的心，设身处地地跟着电影主角体验其悲欢离合。没有深度的广博，基本上是浪费生命。敏感、体贴的人通常是找到人性洞察的高手。

要想更好地找到洞察，有两个方法。

第一个方法是练习不断提出好问题。可以先问五个笨问题：为什么？为什么？为什么？为什么？为什么？

当一个问题被连续追问五个"为什么"之后，往往就能找到洞察。

例如，我分别问了在公司内职级差不多的两位总经理张总和李总一个问题："请问你最近最想做的一件事是什么？"

相同的问题，经过五个"为什么"的追问，我们终于明白张总和李总对时间的观念完全不同。

我在面试员工时，总是先问非常基本的问题："你为什么想进入广告这一行？"然后根据他的回答，追问四五个问题找到洞察。

张总	李总
↓	↓
我想消失一阵子。	我想消失一阵子。
太忙了，没有属于自己的时间。	太忙了，没有属于自己的时间。
所有的时间都被客户和工作占据了。	所有的时间都被客户和工作占据了。
没有时间陪伴家人。	没有时间独处。
和家人在一起时，我最快乐。	一个人的时候最快乐。
自己的时间属于家人。	自己的时间属于个人。

第二个方法是收集足够多的有关消费者行为的信息，然后进行分类，找到每个类别的共同点，思考这些共同点背后的人性。举例来说，如果我们正在做有关宠物的传播策略，我们会先收集 1000 个和宠物狗一起生活的体验。

下面这 15 个描述，我们直观认为 1、3、5、7、9、10、15 有共同点，于是我们悟出一个洞察：我的狗就是一个人。另外，我们可以发现 2、13、14 有共同点，此时，如果结合我们对社会的一个观察结果——人活着会面对很多批评，我们就能获得更深刻的洞察。

1. 我为狗狗取了人的名字。
2. 它很忠心。
3. 我一回家,它就如朋友般兴奋地迎接我。
4. 它喜欢吃东西,且永远吃不饱。
5. 我会跟它说话。
6. 它偶尔会像个小孩子那样闯祸。
7. 我喜欢把它打扮得漂漂亮亮的,在街上炫耀。
8. 它让我跟陌生人更容易亲近。
9. 我喜欢教它一些人常做的小动作。
10. 我会给它吃人吃的东西。
11. 它会狗仗人势。
12. 我会担心它走失。
13. 它会随时随地陪伴我。
14. 它的忠心不会因人而异。
15. 它死了,我会悲痛万分。

洞察:
我的狗狗就是一个人,只不过穿着狗的皮囊。

行为描述	洞察
· 狗很忠心。 · 它会随时随地陪伴主人。 · 狗的忠心不会因人而异。 · 人活着会面对很多批评。	· 狗爱你,无论你是什么样的人。

你会发现这个洞察更有深度。通常,你需要提醒自己不要仅仅关注第一次归类的洞察,通过不断变换会获得更深刻的洞察。

以上洞察都属于创意洞察,洞察的更高层次是人类学层面的社会洞察,它可以启发品牌主张,我将在下文进行说明。

一流的创意人员都是天生聪明绝顶的人。

创意

创意是广告的核心

在广告这个行业，创造力是团队合作的结晶，是集体创作的结果。团队成员包括业务、企划、创意与制作四个工种，其中业务及企划负责传播信息的内容，创意与制作则负责传播信息的方式。

四类人既要分工生产，也要密切合作。业务人员必须努力挖掘传播课题，借此启动创作程序，并且要对创意有独到的鉴赏力，同时具备销售创意作品的能力。是的，我认为业务人员应该负责销售创意作品，否则就不能叫"业务"了，业务人员就是卖产品的人。广告行业的最终产品就是创意作品。业务人员只有负责销售创意，才会关心创意人员，关注创意产生的过程，关切创意的产出，也唯有对创意充满热爱

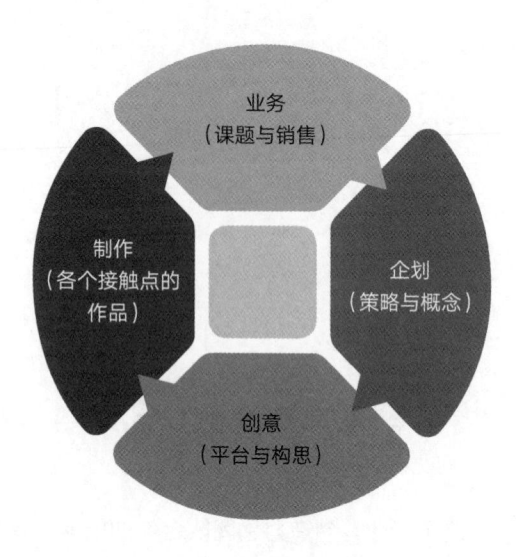

```
        业务
      (课题与销售)

制作                    企划
(各个接触点的         (策略与概念)
  作品)

        创意
      (平台与构思)
```

的业务人员,才是广告行业杰出的业务人员。企划人员则是拥有很多妙计的军师,除了懂得各种策略方法,还有新鲜的洞察力来拟定解决课题的创新想法。企划人员要产出创意概念,将创意概念传递给创意人员。创意人员的本职工作就是寻找创意。没有创意的作品不需要创意人员冥思苦想,一个无法产出创意的创意人员是不合格的。制作人员也必须有创造能力,要用有限的预算创作伟大的作品,要在有限的时间内创作更多的作品。是否具备创意能力,是检验这个行业每个人员的最高标准。

创意是广告行业的核心。我们都知道,一辆汽车没有轮胎是无法行驶的，没有方向盘就无法选择方向，在夜间行驶时如果没有车灯是非常危险的，下雨天没有雨刮器也十分危险……但即使每个零件都很重要，我们也知道一辆汽车的心脏就是它的发动机，发动机是汽车最重要的部分。创意就是广告公司的发动机，也是广告行业最可贵的资源。一家广告公司的创意的好坏决定了它在市场上的地位。如果你想让自己的广告公司避免和同行进行价格竞争，唯一的办法就是不断打造创意部门，让你公司的创意水准与众不同。客户只会为好创意支付高价，因为创意是他们最不了解、最不擅长的工作，也是他们永远无法抛弃的东西。

与众不同的创意来自杰出的创意人才

首先，也是最重要的，就是找到真正杰出的创意人才。杰出的创意人才非常稀有，而且难以维护。我过去的创意伙伴、奥美北京前执行创意总监刘继武说："创意人员的分布图就像美国的帝国大厦，主体都是'伪'创意人员，只有最顶端的部分才是真正具有创意才情的人，而且越优秀就越稀少，真正的创意天才就相当于避雷针那部分，屈指可数。真正的创意人才是天生的，后天很难培养出来。一个人即使接受再多的培训，也无法培训出才情。一个有才情的创意人员经过专业修炼将会大放异彩，创作出影响人心、改变世界的伟大作品。一个'伪'创意人员无论如何磨炼都是一个明白创意套路的普通人。"如果你是一块原石，经过专业工匠的切割打磨，你将会变成一块价值连城的宝石。如果你只是一块石头，那么无论怎么切割打磨，你永远是一块长得很像宝石的石头。这听起来虽残酷，但却是事实。

另一个残酷的事实是，即使再有才情的创意人员也有他的黄金年纪，对于创意人员而言，黄金年纪是35~45岁。年轻的时候需要磨炼对创意的直觉，年长一些，则会因为经验变得丰富了，而失去原创能力。就像歌坛一样，能保持长青的歌星非常少。他们后来的作品即使有之前才艺的影子，也不如年轻时的成名作。创意人员要想维持创意能量，最好的方法是体验多彩多姿的丰富人生。有时，在创意人员成名之后，无论粉丝慕名而来，还是他被委以重任，都会让其无法认真生活，而唯有认真生活，才能获得足够的生活素材来酝酿创意作品。

职业创意人有两种，一是培育果子的人，二是摘果子的人。如果你没有在失去原创能力之前进入创意管理岗位，那么你对组织而言，价值很低，组织也不太需要你，因为你既无法培育果子，也不会摘果子。一个失去原创能力而只能摘果子的创意管理人才，必须是一个很有能力优化别人想法的创意人。至于那些只懂鉴赏创意或借助权力来评审创意好坏，只做所谓"品质管理"的人，则是二流的创意管理者。那些包容二流创意管理者的组织，都势必没落，成为一闪而过的流星。

企业若想在业界保持创意第一，对内部的创意人员应该最包容、最珍惜，也必须最残酷，因为失去创意能力是绝对不可容忍的事。对充满创造力的人员不仅要给予最好的待遇，还要给予他们完全的爱与信任。对失去创意能力的人员，企业必须考虑新陈代谢。

有一次，我在艾菲颁奖典礼上遇到甲方的一位评审。她坐在我旁边说："你们这行的创意人员都是有黄金年纪的，压力真的很大！"我能一眼看出一个创意人员是在走下坡路，还是在走上坡路。凡是那种我必须小心翼翼地反馈建议，以免伤了他的心的人，都是非常玻璃心的创意人员，他们绝对正在走下坡路。那种正在走上坡路的创意人员，即使面对批评，也不会沮丧，他们会充满激情地努力了解客户的需求，随时准备完善提案，随时准备从头再来。

最杰出的创意人有三大特质

拥有平常人的生活，但特别认真地生活

我见过的杰出创意人员都不会穿奇装异服，只有那些二流的创意人员才会刻意打扮自己，让自己看起来很有个性。一流的创意人员是没有心思打扮自己的，而是全心全意进行创作。同样，一流创意人员的日常生活和平常人一样非常平常，吃饭、睡觉、逛街、逛书店、下馆子、上网、看电影、看小说……只有体会大众的生活，才能进入大众的小宇宙领悟打动大众的创作方法。那些为逃避压力经常躲在时尚酒吧消磨时间的时髦创意人，大部分属于二流的创意人员。

永远保持 5 岁小孩的好奇心

一流的创意人员，是对外界事物保持新鲜感的人，他们对什么事都充满好奇心。除了喜欢读各种类别的书籍、报纸、杂志，看各种类别的电影、视频来满足他们的求知欲，他们还对人充满热情与兴趣。他们不见得是社交高手，但对了解他人很有兴趣。他们不会像调研人员那样到处问"你为什么这么想，那样做"，而是会认真地观察与体会。

思维敏捷，对天底下的每件事都有新鲜的观点

一流的创意人员都是天生聪明绝顶的人，和他们交谈充满乐趣，因为他们总能在无聊透顶的话题中找到新的路径来叙说他们的故事。他们对天底下的每件事都有自己的观点，他们勇敢探索，勇敢表达。

你要做乳牛，还是要做挤奶工？

我年轻的时候，原来想做文案工作，成为一头"乳牛"，但是应聘失败了。后来，我应聘成为客户主管，成为一个"挤奶工"。我在40年的广告生涯中，曾经和很多不同的创意团队合作。我也得过很多奖项。我想，我应该是一位很优秀的挤奶工。相同的乳牛，不同的挤奶工，有的人挤的奶量多，有的人挤的奶量少。最优秀的印刷工人可以用二流的印刷设备印出一流的印刷品，最优秀的业务人员也可以让二流的创意人员产出一流作品。最杰出的创意只会寄生在最优秀的业务人员身上，想要拥有一流的创意作品必须拥有强大的业务团队。相对创意人员有产出的生命周期，业务人员是越老越有经验，越有价值，经验丰富的业务人员最有能力启发创意伙伴,高效推广创意人员的作品。他们为了企业能产出最好的创意产品,会打心底喜爱创意伙伴,无条件地支持充满创意的作品。

业务人员具体可以怎样支持创意伙伴呢?可以从以下五个方面助力。

精确指出有启发性的策略方向

定义创意的课题,是每一个业务人员最基本的责任。拟定精准的策略是优秀业务人员的必备技能,给予创意团队一个有启发性的简报,则是杰出业务人员与众不同的能力。业务人员除了有创意相关的事务,还有许多其他工作,但启发创意却是所有工作中最有价值的。一个业务人员对企业最大的价值,当然是为企业赚取最大的利润。企业之所以可以长久获得高利润,是因为其位于市场高端,而这又取决于企业的创造力。创造力主要来自杰出的创意人才,以及具有启发性的创意简报。什么是有启发性的策略?举一个简单的例子,如果我们要销售梨,因为在策略上要求精准,所以我们在梨的利益点——好吃与营养中,选择了好吃。没有选择就没有策略,所以广告的诉求是好吃,然而甜美多汁的信息却比好吃的信息更有启发创意思考的作用。大家试着构思两支广告,一支是"好吃的梨",一支是"多汁的梨",就会明白我的意思。

懂得打磨创意

一流的业务人员不仅能提供给创意团队有启发性的简报,还懂得帮助打磨创意,直到创意提案的前一天。真正的创意简报不是一页精彩的策略简报单,而是一个十分具体的过程。业务人员要不断地向创意团队提供"如何表述"的创意洞察,让信息更直白、更有感觉,还要提供其他刺激物,如竞品的广告、相同课题的其他作品,甚至自己的创意概念,这些都应该毫不吝啬地与创意人员分享。

提炼创意人员的想法

在内部讨论创意时,我们除了检查创意是否合乎策略,还要特别用心地寻找任何有机会发扬光大的小点子。其实,所有伟大的点子通常都来自一个小点子。然而为了避免单纯构思大点子,我们不要挑剔作品的缺点,而要放大作品的优点,因为优点被无限放大之后,在有限的空间与时间,作品的缺点将会自然消失。

当我们遇到一个创意作品时,如果它不合乎策略,但能解决当下的商业课题，我们会因为杰出的创意而修改原有的策略，甚至放弃原有的策略，因为策略有许多可能性。解决问题的方法有很多种，如果神奇的创意点子可以解决问题，我们不仅可以接受，还会欣喜若狂，但前提是它必须能够解决当下的商业课题。

提供生发创意的优良环境

一家创意公司的办公环境其实非常重要，浓厚的创意氛围与适当保有隐私有助于大家构思。当下流行的开放式办公环境基本是出于财务考量，它不利于创意人员进行创作。因此，应尽量为创意人员提供一个不官僚、不机械的氛围。

从合作的角度来看，一个好的创意伙伴必须拥有以下三个特质。

1. 真正的伙伴绝对不是对方的拖油瓶，而是各自做好自己应该做的事。那种依靠甜言蜜语、喝酒交际、小恩小惠获得的伙伴关系，不真诚，也不持久。
2. 鼓励实验精神。所谓实验精神就是鼓励任何人犯一次错，这样创意人员才敢冒险做新鲜的尝试。要提倡"不冒险就是最大的风险"的价值观，任何伟大的作品都有其必然的风险，比起乘风破浪，待在避风港无聊透顶。
3. 勇敢销售杰出的作品。创意人员最感动的时刻就是看见他的业务伙伴奋不顾身地捍卫他的创意作品，比他自己还珍惜他的作品。业务人员必须更有勇气，全力支持极佳的点子，而且当你发现好创意时，不要轻易放弃。

争取有利于创意机会的资源

一个好作品必须具备三个条件：杰出的人才，足够的时间，大量的预算。这三个条件必须具备两个，才有机会创作伟大的作品。

一个没有足够预算的项目，我们如果拥有最佳的创意人员与较长的时间，就有机会创作一个高质量的创意作品。如果要赶工，那么拥有杰出的创意人才和足够的预算就可加速完成任务。如果只拥有二流的创意人员，那么就得依赖业务人员争取足够的时间和较多的预算来创作一流的作品。

足够的时间是创作全新作品的必要条件，"又好又快"是个伪命题，因为产生新的创意是一个发酵的过程，灵感不是拍拍脑袋就会跳出来。正如酿造时间太短，发酵不足，提前打开酒窖，这批酒就会变为廉价的酒，只有保证时间足够（广告行业，最好的构思时间是两三周），才能酿出优质的酒；时间太长也不好，时间太长（如半年）会让创意人员变得散漫。另外，在不考虑投资回报率的前提下，预算当然是越多越好，这样有利于做出好作品。同时，精致的品位永远能给作品加分，而精致的品位必须来自对细节的打磨。

争取足够的时间和充裕的预算是业务人员的天职，也是杰出业务人员对创意作品最直接的贡献。

创意作品的 5 个创作阶段

经常有人问我："这么好的创意是怎么想到的？"事实上，一个创意作品的产出要经过拟定课题、消化资料、结晶洞察、放空发酵、对话优化五个阶段。

拟定课题

每次创作都必须有一个创作目的或任务，而这个目的或任务必须单一精准。许多外行人误以为，要产生创意，应该给创意人员无限的空间。其实不然，在启动创意时必须有一个精准的创意策略,之后才会有无限的创意空间。

消化资料

除了要消化直接和课题相关的资料,还要以直觉阅读一些和课题间接相关的资料。除了阅读文字资料,还要看一些相关的电影或视频。除了看业务人员与企划人员提供的资料,还要跟随自己的感觉在网络上浏览大量的资料。这些工作会让创意人员找到感觉。

结晶洞察

在这个阶段,我们要探索的是创意洞察,而不是策略洞察。创意洞察的目的是寻找让信息更直白、更有感觉的方法。策略重点关注"讲什么故事",创意洞察则重点关注"讲故事的方法"。创意洞察经常来自生活素材,或是大量阅读所获得的常识及看电影与小说所获得的灵感,甚至是参考大量成功案例获得的启发。

放空发酵

当思考了几个有意思的创意洞察之后,我们就可以把这个任务放到一边,去做别的事情,让创意自然发酵。你可以去做别的项目，或是打坐，打盹儿，打扫房间，玩游戏……打发一些时间，点子可能自动闪现。只是点子闪现的时机都很偶然，有的时候甚至来自梦境，我们必须有意识地把它们记下来，所以创意人员身边应一直备着笔与笔记本。

对话优化

当点子以灵感的方式出现时，通常是一个看起来微不足道的小点子，必须通过不断优化才能成为一个伟大的想法，而优化点子最好的方法是对话。什么是对话？对话就是双方分享各自不同的观点，然后一起思考有没有更好的观点。通常，当有了一个想法时，我们便可以和工作伙伴——文案或视觉搭档对话，借助对话过程不断优化想法，最后就能产出一个创意作品。

品牌追求溢价的偏心度，
产品追求性价比的偏好度。

打造出圈品牌

打造品牌要思考的维度是品牌主张。

通过文化张力、人们与品牌的关系、品牌个性、品牌特有的风格等元素完成产品拟人化的设定。

绝大多数人对品牌的理解有三个迷思。

第一个迷思是无法分辨品牌与产品的差异，不明白打造品牌魅力与促进产品销售的方法是不一样的。卖产品所思考的维度是卖给谁、卖的是什么，以及差异化的卖点，重点关注产品特点、消费者的利益、终极的情感利益、产品的用途、产品对消费者的意义、消费群体的区分、目标对象的消费洞察等。打造品牌要思考的维度则是品牌主张，主要考虑的是如何通过文化张力、人们与品牌的关系、品牌个性、品牌特有的风格等元素完成产品拟人化的设定。

大部分营销人员或传播同行常常误以为，只要策略信息关乎情感的利益，或者创意诉求是感性的，就是在开展品牌的工作，其实不然。产品广告运用动人的故事和创意点子让受众感动、惊喜，以此使人记忆回味。这种让人对销售痛点更有感觉的做法本来就是天经地义的。

第二个迷思是认为建立品牌需要长期累积才能达成，品牌要花很多的钱、很长的时间、很大的资源才能占有一席之地。其实，通过正确的品牌梳理，由此产出的创意作品绝对是一气呵成的。打造品牌的秘诀是利用人们身体里已经存在的人性冲突或社会纠结来撬动品牌主张，而产品定位所探讨的各种消费者在使用与体验方面的洞察一定没有品牌梳理发现的人性洞察更深入人心。品牌输出的对象是全人类，而产品诉求的对象是目标群体。品牌追求溢价的偏心度，产品追求性价比的偏好度，两者是完全不一样的。

第三个迷思是大多数人认为品牌是一个高大上、空虚、缥缈、精神层面的东西，而且品牌不可能直接帮助商品销售，因此品牌只是个空架子。这是对品牌的严重误解。虽然大部分人都认为品牌很重要，但事实上，很多人对品牌的价值并没有深刻了解，不明白品牌真的有利于促成生意，不知道品牌其实是销售产品的原子弹。

品牌可以通过以下5个途径提升销售力。

1. 品牌解决的是人类学角度上遇到的销售问题。
2. 品牌会对抗人们潜意识里的竞争者。
3. 品牌占领行业类别的制高点。
4. 品牌借助人类的内心冲突与纠结来快速建立知名度与偏心度。
5. 品牌创造有利于不同产品线的共同销售场景。

让我用9个真实案例,带你一览品牌世界。

解决人类学角度的销售问题

闪送

闪送是同城快递,强调一对一专人直送,拒绝拼单。当你到了机场才发现护照放在了家里,这时你若回去拿肯定赶不上飞机。于是你打开闪送App下单,你家附近的一个闪送员接单后,会到你家门口,从你家人手中接过护照给你送来。闪送的使用场景是人们在关键时刻,将重要的东西,如身份证、房产证、合同甚至钻石等物品,交给一个陌生人。人们对陌生人普遍存在不信任,这正是闪送在开展业务时,所面临的人类学角度上的最大难题。从小,我们就被提醒

"不要相信陌生人"。

闪送因此提出了一个主张，闪送相信"人性本善"。闪送相信在这个世界上，好人比坏人多。闪送的善良主张，让人们在潜意识里认为闪送背后的这群人，包括闪送的快递人员，应该都是比较善良的人。有时，我们之所以宁愿将重要物品交给一个善良的陌生人，也不交给一个老友，是因为我们知道那个老友不靠谱。闪送，其实在用善良递送。

简一大理石瓷砖

简一大理石瓷砖经过24代不断迭代更新，如今的产品外观已经和天然大理石非常接近。如果将简一瓷砖和经过打磨的大理石放在一起，完全分不出来哪个是瓷砖，哪个是大理石。即便如此，人们还是认为，无论瓷砖做得多么逼真，终究是仿制品，而仿制品永远不如真品。简一大理石瓷砖的生意来源，就是将自身产品"转换"成天然大理石，而"仿制品永远不如真品"就是简一大理石瓷砖在人类学角度上面临的销售问题。

面对这样的销售问题，品牌的洞察是：天然大理石的确是上好的石材，但天然大理石被开采之后就只是永恒不变的石材，甚至随着岁月的"雕琢"逐渐泛黄，而人工大理石瓷砖虽然现在可能不如天然大理石，但人工产品可以一直不断优化，优化 100 次不够，可以优化 1000 次，优化 1000 次不够，可以优化 10000 次。经过不断优化，总有一天，不断进步的人工产品一定会超越永恒不变的天然产物。

因此，简一大理石瓷砖的品牌理念就是追求持续不断的优化，永远精进。相信在这个世界上，假的不一定比真的差，甚至有时，假的比真的更好，就像简一大理石瓷砖。

形成消费者潜意识的产品竞争力

台湾高铁

台湾高铁是台湾第一个 50 年 BOT（建设 - 经营 - 转让）建设方案，但是由于高铁的造价不断升高，建成之后，即使高铁的营运转移了台湾所有的飞机、铁路及长途汽车的运量，其天文造价，还是会让其在 50 年后处于亏本状态。因此，增加人们的旅行次数，无论是返乡探亲，还是休闲旅游，成为台湾高铁的营销课题。

高铁真正的潜在竞争者是谁？是什么限制了人们搭乘高铁的次数？是电信、电视这些虚拟沟通产业。高铁不只是运输工具,还是传播工具。高铁的本质是将人们准时快速地从A点带到B点,然而现代的许多科技产物让人们不必亲自到场,就可以进行如临现场般的交流。因此,台湾高铁反对电视实况转播。台湾高铁认为如果要看演唱会就应该在观众席呐喊,在现场感受偶像的实力。台湾高铁也反对那些美食节目,节目画面上的食物展示不但没有香味、口感,也根本无法满足真正的食欲。台湾高铁厌恶社交媒体上的表情符号,台湾高铁认为就应该真正回家,拥抱自己所爱的人,感觉亲人的抚慰,而不应只是发送一个思念的表情符号。台湾高铁甚至反对网络聊天,它认为就是应该和好友面对面交谈。

台湾高铁主张:"真实接触,不可取代!"只有亲临现场,才有完整体验,才是有温度的情感,才有真正的心动时刻。

转转

转转是中国第二大二手物品交易平台(第一大平台是闲鱼)。在中国,二手物品交易平台,目前是无法对卖家收费的,但是我相信有一天中国的二手物品交易平台会进化到如欧美、日本的二手物品交易平台一样,对卖家进行收费。在这个转型过程中,转转在品牌工作上的首要任务就是要和闲鱼有所差异，并且使用户产生偏爱。从品牌拟人化的客观角度来看，闲鱼规模虽大，但在平台上只做介绍性的工作，给人一种无情冷漠的感受。转转则在平台上提供许多额外服务，例如，手机检测估价、修整旧书，让人感觉转转是一位热心肠、憨厚的老实人。转转的品牌工作就是放大差异来塑造有利于其生意的品牌个性。

转转的品牌故事这样描绘：地球之所以能自转，是因为地球上有那么一群热心助人、燃烧自己的人，世界的进步来自那些有热情、有激情的人。转转的热心肠，转动世界。

需要占领行业类别的制高点

克丽缇娜

凡是在人们的心智中占领了类别制高点的品牌都是这个行业的领军品牌，这是营销学上的真理。所谓制高点，就是这种产品类别在精神层次上满足的终极利益，例如，可口可乐的产品利益是清凉解渴，但是占据类别制高点的则是"欢乐"这一品牌特性。

克丽缇娜是一个SPA（水疗）美容连锁店，在中国一线以及二、三线城市拥有 4000 余家分店。来克丽缇娜做美容的人，只有一种人，那就是对爱情有憧憬的人。那些认为男人不可靠、女人当自强的女人是不会来美容院做 SPA 的。对爱情有憧憬的人，即使是一位老奶奶，如果她还想在公交车上跟别人有些眼神交流，也是会来做 SPA 的。所以，克丽缇娜的制高点就是"爱情"。那么，爱情到底值不值得相信便是品牌所要探讨的人性洞察。有人认为爱情不可靠，因为这只是人类在特定阶段的情感，等激情过后，如果爱情没有升华成亲情，这段爱情终究会结束。但是也有人相信爱情，只要遇到真爱，那么无论贫富贵贱，只要能和喜欢的人在一起，就会欢欢喜喜。

克丽缇娜的品牌主张是："即使爱情不可靠，女人也要勇敢去爱！"身为女人，必须在这一生，轰轰烈烈地谈一场恋爱，这样的人生才完整。只要女人勇敢去爱，克丽缇娜的生意就是做不完的。

方特

方特集团是中国知名动漫《熊出没》的制作公司。方特集团旗下的方特乐园在国内二、三线城市拥有 24 个主题游乐园，是全世界第五大游乐园集团，可谓中国的迪士尼。方特要成为人们寻找欢乐的首选地,就必须占领游乐园的制高点。若说游乐园的制高点就是"欢乐",那么这个说法就未免有些肤浅。深刻的品牌洞察是:无论是谁,来到游乐园都会变成一种人——成为彼此的玩伴。当祖孙三代来到游乐园时,爸爸不再是爸爸的角色,不会盯着儿子问"作业写完了吗",他变成玩伴的角色,会说"让我们一起好好玩吧";爷爷会变得年轻天真,孙子会变得勇敢,让人觉得他长大了。无论如何,大家都成为彼此的玩伴。同事一起去游乐园,他们不再是同事关系,而是彼此的玩伴。情侣来到游乐园,他们不只是情人关系,还多了一层玩伴关系。方特因此提倡"在生活的每个角落,我们都应该让彼此成为玩伴,不只是一起玩,更重要的是'可以玩在一起'"。玩在一起的玩伴精神不管在什么场景,都能让人与人的关系变得更好。在工作上,同事有了玩伴精神,就少了官僚气息,多了对话,工作成果一定比其他团队的更出色。在家庭里,夫妻若不只是夫妻,还是彼此的玩伴,就少了无聊,多了情趣,让婚姻生活更幸福。

方特主张的玩伴精神,放之四海而皆准。方特相信,如果世上的每个人都成为彼此的玩伴,世界就会更美好。

品牌主张发挥作用的原理是:貌似在宣扬日常的生活提

案，然而当这些生活提案被人思考、被人接受的时候，有利于品牌做生意的价值观就会自然植入人们的脑海，创造有利于生意的社会舆论，发酵成有利于生意的市场氛围。

快速建立品牌知名度与偏心度

大众银行

大众银行是 10 年前经典的成功案例。大众银行早期经营不善几乎倒闭，被卖给新加坡财团。新加坡方派了两名高管来进行管理，他们最大的成就就是让奥美拍了一系列纯品牌广告，让大众银行的员工找回骄傲，销售额直接提升 30%，股价翻倍，最终又被卖给另一个知名的银行财团。这是一个百分之百可以证明品牌广告销售力的成功案例。大众银行的广告作品，根据真实故事改编，执行细致，是百看不厌的创意走心作品。

这个创意作品背后的社会洞察是支持这一系列作品变得如此伟大的主要原因。这个社会洞察也是一种纠结、一种抉择：对人类贡献最大的到底是社会精英还是普罗大众？有人说，这个世界的文明进步都来自精英的引领，如果没有爱迪生，这个世界的夜晚就没有光亮。也有人说，这个世界的动乱都来自所谓的精英，例如，希特勒发动了生灵涂炭的第二次世界大战，真正推动这个世界进步的，不是少数领袖，而是广大人民群众，所以我们要歌颂平凡人的不平凡，表扬不伟大的伟大。大部分人都以为大众银行这个走心的广告之所以让人感动落泪，是因为影片拍得太好了。实际上，只是执行较好，而没有人性洞察的作品，就像一个没有灵魂的美女，徒有其表。纠结的人性、冲突的价值观才是作品的灵魂。

获得奥斯卡金像奖的韩国电影《寄生虫》，就是撬动上流社会与下层阶级的对立，让人们在内心有所共鸣的作品。根据人性纠结所发展出来的品牌主张通常也是最能激发创意人员发挥潜能的内容，在一个具备对立价值观的策略原型之下，往往可以激发创意人员产出伟大的作品。

创造有利于不同产品线的共同销售场景

明基

明基在手机市场失势后，努力发展三种产品。

1. 投影仪：尤其是家用投影仪，针对新婚夫妇。

2. 电竞显示器：针对青少年。

3. 护眼灯：针对有 6 岁以上孩子的父母。

不同产品，面对不同的消费人群、不同的购买理由、不同的产品特点，要如何整合在一个共同的品牌之下？明基提出了一个品牌主张——入戏。"入戏"就是即使一个奸商，他今天来迪士尼玩，也会戴上米老鼠的帽子，穿上唐老鸭的T恤，带着一份童真的心情游玩。于是在一天 6 个小时的游玩过程中，他充满兴致，即使需要排队很长时间，他也不会觉得烦闷。至于那些无法入戏的游客，会认为排 150 分钟的队，只坐了 150 秒的过山车，这太不值得、太无聊了，于是这 6 个小时将是一段不快乐的时光。

明基的品牌主张是，如果你想要有一个精彩深刻的人生，那么每一刻的生活都应该入戏。入戏的主张直接有力地为明基旗下三类不同产品的销售场景提供了一个共同动力。

以下是明基的几个品牌故事。

看电影。用手机看电影也是可以的，但是无法带你身临其境。如果在家里的客厅看电影，把窗帘放下，打开投影仪观看，看悲剧则可以让你哭得痛快，看恐怖片则让你害怕得要命。这就是入戏，投影仪让你看电影更入戏。

玩游戏。虽然随时随地都可以在手机上玩游戏，但用明基的专业电竞显示器玩游戏，无论是组队打怪，还是角色扮演，都会让你更入戏。

看小说。在哪里都可以看小说，古代人甚至通过凿壁偷光看书，然而改用明基的护眼灯来看武侠小说或爱情小说，连续看3个小时，眼睛也不累不酸，让你看得更入戏。

原来，三类不同产品的共同购买动机都是入戏，升华成明基的品牌主张就是入戏让你的人生更精彩。

360

360的系列产品包括电脑杀毒软件、儿童GPS（全球定位系统）手表、居家摄像头、行车记录仪……这些都是和安全相关的产品，也是针对不同人群提供的不同的产品利益点。那么如何找到一个品牌的公分母来帮助所有360产品的销售呢？

在今天的中国，无论阶层高低，东南西北，全国上下都充斥追求强大的氛围，无论是为了积极强出头，还是消极保地位，都必须奋斗。中国人在这种竞争环境下充满压力，内心潜伏着一定的不安全感。

360提出的品牌主张却是"放下逞强"，以此缓解人们的压力，并将其作为360旗下各种产品共同的销售场景。

人们之所以不购买360的产品，就是因为太逞强。当孝顺的儿子为年迈的父亲在家中装了一个摄像头时，父亲却生气地让儿子把摄像头扔掉："我没那么老，为什么要装一个东西24小时监视我？"老人家很逞强地说。

妈妈们为什么不买360的儿童GPS手表，就是觉得自己能照顾孩子，因此360的销售话术是：不怕一万，就怕万一，请你放下逞强，用我们的产品来共同保护你的宝贝——360儿童GPS手表可以24小时定位你的孩子，绝对不会让孩子走失。

有效的销售节奏是先讲Why，再讲How，最后讲What。"放下逞强"的主张，给在介绍360的产品特点之前抛出一个很好的话题，同时也可以间接减轻人们在生活中的压力。

以上借助9个案例介绍了品牌如何帮助销售的内容，也说明了相关原理。

品牌是个很老的概念，梳理品牌的方法论也往往是老生常谈，但是真正使品牌落地，并让其充满生命活力与艺术性，就能将其发扬光大。

产品要进化成品牌,不只是偏好度,更重要的是创造偏心度。

品牌梳理

我最大的开窍时刻,就是明白了品牌与产品的不同,尤其是知道了品牌定义与产品定位的差别。

产品定位是指对一个人而言,产品是什么(用途、场景、意义),能给他带来什么好处(差异化的特点、情感上的利益)。

产品定位是所有营销的基础。没有定位,就不可能做好营销。试想,如果不知道产品可以卖给谁,不清楚产品的用途,不选择主打的产品特点等这些基本策略,怎么可能设计下一步的营销活动。我经常提醒我的客户,策略就是选择,没有选择就没有策略。卖给谁,有很多可能:年轻的还是年老的,试用者还是再次购买者,轻度使用者还是重度使用者,理性消费者还是感性消费者……另外,还有更多可能的市场细分方式,例如,根据用途细分,根据使用场景细分。定位就是在最有意义、最相关的细分市场选择一个切入点。产品有很多特点或利益点,到底应选择哪个特点或利益点切入?产品有很多用途或场景,要选择哪个用途或场景切入,才能使效益最大化?定位是选择的核心,只要主打某一点就能产生最大的连锁效应,或者吸引最多的消费者联想。

定位的作用是帮助人们快速辨识某个产品是不是自己需要的,是否符合自己的标准。定位是让人们注意产品最有效的方式,可以帮助人们评估产品对他有没有意义。定位过程其实就是借助产品的宣传信息,在人们的脑海中抢占一个记忆点,在人们的心智中占据一个特别的位置。占领了心智,我们的产品就会在众多产品中被快速找到。当你想到一个类别的需求时,它是第一个跳出来的选择。优先跳入脑海的好处就是它被人们购买的概率最高。所以定位强调的是偏好度,偏好度就是我们会选择这个品牌,而不会选择另一个品牌,我们会看重产品的差异化特点与利益点。定位的思考逻辑就是利用差异化来激发消费者的购买欲望,并且帮助人们高效地选择商品。

"品牌定位"这个名词比较流行,但我认为它是"忽悠"的同义词。品牌定位应该就是产品定位,只是人们为了让产品定位听起来更时髦,所以将它说成了品牌定位。品牌和定位是两个不同的概念，品牌针对的是人们的诉求，定位则是要聚焦消费人群，甚至找到一个核心消费人群。定位是市场细分的产物，怎么能和品牌的定义混为一谈？品牌梳理的原理、品牌定义的基本元素，才是重点。下面从简单介绍产品定位开始，来理解品牌的真谛。

品牌应该属于人类学的范畴，是针对人类而发展出的营销手法。从商业的角度来看，建立品牌，其实只有一个单纯的目的——溢价。所谓溢价就是相同的东西可以卖得比较贵，可以提供较高的性价比，人们会争先恐后地购买，尤其是在做促销的时候，只有溢价的品牌才能在做促销的时候产生爆发力。至于品牌形象不好的产品，无论如何降价竞争，也没有竞争力，溢价就是最好的竞争力。

要识别一个产品是否已经升级为品牌，有两个实质指标。营销调研公司为了提升调研的专业性和开发新的品牌调研工具，发明了许多评估品牌的专有名词。其实，这些名词都不如检验一个产品的售价是否比别的产品高更实用。分析或评估一个产品的品牌力的另一个简单指标，就是品牌的铁杆粉丝数量，数量越大，品牌力越强。所谓铁杆粉丝，不是那些被促销优惠或赠品等吸引来的消费者，他们是假粉丝，真正的粉丝会在你面临困境的时候，挺身而出，为你说话，为你辩护。

为什么会产生溢价？为什么明明就是相同的东西，人们却愿意出比较高的价格来购买？为什么明明你犯错了，还会有铁杆粉丝为你辩护？这些疑惑的背后只有一个原因，那就是因为消费者对你偏心。人类就是会偏心，偏心是一种人性。偏心就跟一见钟情一样，必然有合乎脑科学的解释。人之所以会一见钟情，是因为在15岁之前其脑海中就已经逐渐形成一个对未来理想伴侣的画像，包括对方的声音、气味、行为举止等的综合体。于是一旦有一天遇见一个人，对方和其脑海中的画像有80%的部分重叠，其就会情不自禁地爱上对方。如果男女同时对对方产生相同的心理画像，他们就是天生的一对，彼此一见钟情，于是真正自然的恋爱便开始了。人类会偏心也是同样的道理，一个人无论多么理性公正，讲求公平，在其内心深处也一定存在偏心的潜意识。

产品定位模式注重偏好度，品牌定义注重偏心度，这是销售产品与创造品牌在底层逻辑上的最大差异。偏好度是"你好美，我好喜欢你"，反过来讲就是"如果你不美，我就不会喜欢你"。正如产品定位，如果没有真正差异化的利益点，消费者不会对产品产生偏好度。品牌则相反，"明明你不是我的菜，我却不自觉地爱上了你"，这就是偏心，莫名其妙地偏心。产品要进化成品牌，不只是偏好度，更重要的是创造偏心度。

我无意间发现了一个现象：人只会爱上另一个人。人不会无缘无故爱上一块石头、一只乌龟，甚至一个产品、一个机构。我们理性地选择购买一个产品，接受一个机构，是有原因、有故事的，绝对不会无缘无故地发生。人除了只会爱上另一个人，还有两个特例，人容易爱上一条狗或一匹马。所以养宠物的人，在狗死掉后，特别难过，因为对他而言，它不只是一个动物，而是"家人"。狗其实是穿着"狗衣服"的人，人已经把狗拟人化。人也会情不自禁地爱上产品，于是产生了偏心，产品有了溢价，人就成了它的铁杆粉丝。

只有将产品拟人化，才能将其升级为品牌，而在品牌化、拟人化的过程中必须思考以下几点。

1. 提出一个动人的品牌主张。
2. 拟定一个有利于生意的品牌与人类的关系。
3. 塑造一个迷人的品牌个性。
4. 创造差异化的风格与语言。

这些内容也可以是我们对一个人的描述，介绍这个人的价值观是什么，他的个性如何，他的风格怎样，他和我是什么样的关系。我们打造一个品牌就是将其拟人化，像人一样有思想、有观点，像人一样有个性、有风格，有像人一样的行为，有像人一样的情怀和浪漫。总之，越像人越好，任何一个成功的品牌，无论是耐克还是苹果，都有明显的人设。

提出动人的品牌主张

主张就是关于生活的提案。品牌主张和品牌使命不同，二者很容易混淆。品牌使命通常是面向公司内部的大方针，品牌主张则是代表品牌对社会现象提出的一个观点，以及对生活的理解。品牌主张背后有品牌的态度与品牌的价值观。

小米认为"要使世界上的人，无论贫穷还是富贵，都能享受科技的美好"，这是小米的企业使命，而不是面向广大消费者的品牌主张，小米的价值主张是"现实之外，多一点天真"。借助这个生活态度可以解决人们对小米企业使命不信任的问题。大多数人会以为这只是小米喊出的一句营销口号，而不是小米真心拥抱的使命。但是当我们将小米拟人化——小米现在是一个天真的少年，主张"现实之外，多一点天真"，人们就很容易接受这个主张，意识到原来小米如此天真，想让全世界的人都能享受科技的美好。于是，品牌主张和企业使命便交相辉映了。

另外，人们常常把品牌故事误解成品牌历史，讲述创始人开创企业的故事。例如，汇源集团创始人看见路边果农拼命吃着卖不出去的橙子，这些卖不出去的橙子最终会被丢弃，这是一种浪费。于是汇源集团创始人出于善意，将这些卖不出去的橙子收购回来，榨成百分之百新鲜的橙汁，专门销售包装好的橙汁。这是品牌历史，不是品牌故事。我认为品牌故事，应该说的是品牌主张为何而生的故事，而不是创业历史。

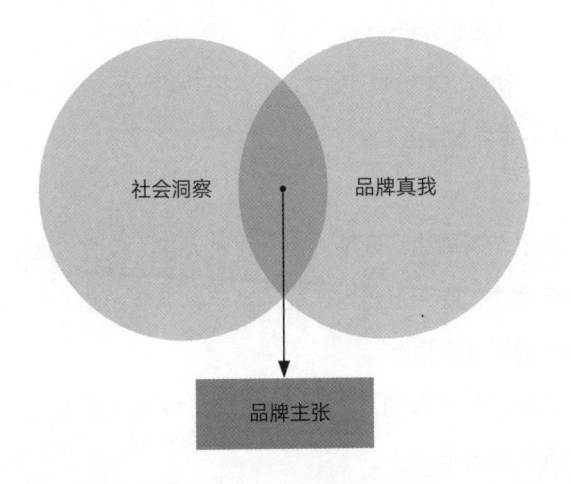

社会洞察　品牌真我

品牌主张

品牌故事的结构，要从品牌是什么说起，然后再说明品牌面对什么样的社会纠结。在这个基础上提出品牌主张。这就是品牌主张的产生过程。以小米的品牌故事为例。

**小米
品牌故事**

　　小米认为人可以实际，但不要太现实；我们要认清事实，但不必精于算计。

　　现实之外，若能多一点天真，我们的心胸就能打开一点，我们的心灵就可以健康一点，我们的梦想也可以更伟大一点……

　　人生也会更快乐。

　　所以小米相信，如果每个人在现实之外，多一点天真，世界就会更美好。

人生充满挑战，人情冷暖，世事无常，天真烂漫的傻劲儿，总是让人吃亏上当，不能不精明，现实如此，否则很难在残酷的社会中生存。

小米是个天真的"人"，面对现实中的残酷提出"多一点天真"的主张。

闪送是个善良的"人"，面对彼此不信任的社会氛围，提出相信人性本善的主张。

名创优品是一个打抱不平的"人"，面对不公平的社会提出穷人也可以任性的主张。

品牌梳理的第一步就是拟定一个品牌真我——品牌最美好之处。品牌是一个怎样的"人"，它面对不同的社会洞察（或人性洞悉）可能会有不同的主张，关注和生意课题最相关的社会现象，通过相关选择来表达自我。

建立品牌与人偏心的关系

为了将产品拟人化，我们试想，如果产品是一个人，他和消费者之间存在什么关系，会有利于我们做生意。

我曾经负责两家资本公司的品牌梳理工作。一是五源资本，它偏向投资从零开始的创业者，它和创业者之间是亦师亦友的关系，偏向老师指导学生的关系。二是源码资本，它偏向投资第二期融资的企业家，投资者和企业家是同学关系，一起成长。投资者和创业者之间最大的矛盾就是，总有一天投资者必须卖掉股份才能得到投资回报，他们是不会永远在一起的，所以不会是自己人。品牌拟人化的策略就是在关系的维度上让人们在潜意识里觉得投资者是自己人。另外，我偏向选择同学关系的原因是队友、团队的诉求在传播界很常见，同学关系比较新鲜。

确定关系时，这个关系不一定是人与人之间的关系，也可以是人与物之间的关系，重点是明确品牌要扮演什么角色才有利于做生意。例如，一辆可爱的小汽车，如 MINI Cooper，扮演的是宠物角色，它和消费者是宠物与主人的关系，这种关系创造了一种亲密感。

DR 是一个钻石品牌，I Do 也是一个钻石品牌。

DR 的品牌主张是男士一生只能定制一枚戒指。DR 主张一旦想清楚了就是一生一世唯一的真爱，不会改变，也不能改变。于是 DR 与消费者是见证者与被见证者的关系，DR 见证爱侣一生一世永不改变。DR 清晰定位于婚戒市场，在求婚、结婚时，DR 扮演的是见证永恒的角色，因此男士一生只能定制一枚戒指。与消费者的关系反映了 DR 差异化的商业模式。

I Do 则往非婚姻市场发展，着眼于新的用途及新的购买场景，如周年纪念、成人礼。于是 I Do 把自己打造成生活仪式，在所有生活仪式中，买钻石是最隆重的。因此 I Do 与消费者的关系是：I Do 等于一种仪式，用仪式来创造爱。在爱的世界，如果来点仪式，爱会更浓郁、更持久，仪式能更进一步激发爱意，不只维护爱，还能创造爱，正如宗教总是会用许多仪式来激发人对神的敬畏。用仪式感可以创造爱的感觉。仪式就是 I Do 和消费者的关系。其实，明确品牌与消费者的关系也是一种定位。

塑造迷人的品牌个性

将产品拟人化成品牌,就要赋予其像人一样的个性。迷人的品牌,有着迷人的个性。品牌的迷人个性是在创意人员洞察人性后有意设计出来的,因此思考什么样的个性有利于生意很重要。例如,全联超市的个性是老实,不只老实,而且过于老实,甚至自曝其短。我们喜欢和一个憨厚的商人做生意,这样你就绝对不会受骗吃亏。老实、过于老实正是全联超市的迷人个性。

咖啡一方面能提神醒脑,另一方面又可让人休闲放松。如果用休闲放松来进行定位,那么最佳的休闲场景则是一人独享,所以左岸咖啡馆的品牌就被赋予了孤僻的个性——孤独享受,享受孤独。

品牌个性是品牌化、拟人化的重要一环,是策略转化和落地执行过程中的重要桥梁。鲜明的品牌个性可以引导差异化的风格。

创造差异化的风格

品牌风格的关键词是差异化，风格没有好坏，只看产品能否出众，能否长久不变。维持一致的品牌风格是品牌落地最有效的方法。在保持风格一致之前，品牌风格必须出众。在我的经验中，想让风格出众，最好的方法就是混搭一些现有元素，创新就是现有元素的重新组合。左岸咖啡馆刚上市时，传播上就给人耳目一新的感觉。它的风格来自视觉。左岸咖啡馆的宣传片，是一个又一个的现代单身东方女子旅行时在巴黎塞纳河左岸活动的场景，黑白片配上古典音乐，呈现了一种中西交流、古今融合的风格。独白根据品牌孤独的个性创作："这是春天的最后一天，我在左岸咖啡馆"，"下雨天，整个巴黎都是我的，我在左岸咖啡馆"，"火车站，我为自己送行，我在左岸咖啡馆"。这些文字仿佛出自高中诗词社的一个学生，配上一段"少年不识愁滋味"却"强说愁"的文字，创造了视听上的新鲜感，让人瞬间沦陷。

现在数字传播较为流行，名人种草、网上直播、热点炒作……大众传播虽有价值，但大势已去，在各种推陈出新的科技传播形式下，在内容很难整合成同一个品牌主张的情况下，只能靠一致的品牌个性，用品牌的风格来累积品牌资产。

现在相同的品牌在不同的接触点、不同的热点上互相追逐，风格各异。但宏观来看，风格整体是杂乱无章的，在现代的传播环境下要更有规律地定义好自己的风格。坚持在不同的传播内容中保持一致的风格。在内容营销上，名人要配合我们的风格，热点也要配合我们的风格。我们不能盲目地追逐名人、热点的风格。绝大部分的品牌管理者并没有很好地定义自己品牌的风格，所以也无法掌握品牌在各个接触点的视觉和听觉呈现。

品牌风格是品牌策略的一部分，不是任由创意人员发挥的策略内容。林清轩来找我们做品牌梳理时，有一个主要需求，它想将产品定位在国际进口的保养品上，希望我们由此确立定位方案。创造高级感，不能用品牌主张的内容来解决，只能在品牌的风格上发力。于是，我们分析什么样的风格可以让林清轩具备高级感。林清轩的客户群是女性群体，我们的直觉是，要从女人的角度思考。林清轩卖的是保养品，能提供美这一终极利益，所以应先探讨如何让女人保持美丽。我以前做过一个调研，找了100张美女图片，并加以分类：美艳型、贵妇型、性感型、青春少女型……最后是神秘型。我问人们："哪种是世界上最美的女人？"调研的结果是，10%的人喜欢美艳型，10%的人喜欢贵妇型，10%的人喜欢性感型。绝大部分人认为神秘型的女人最美。神秘型女人的图片有一个特点，就是她们的脸有一半被遮住了，被试以自己的想象，填补了看不见的容颜。世界上没有比想象力更美好的事物了。相同的实验也加入了林清轩的调研中，只是在具体实践时换了一个题目："哪一张图片最具高级感？"答案竟然是有神秘感的图片。

于是林清轩注重在视觉风格上营造神秘感，每一张宣传广告图片都是光影的巧妙搭配，比如用光影遮住广告主角的半张脸，同时，通过现代诗的意境提高宣传文字的高级感。

风格的设计要注重策略思考。虽然现在常规做法仍然是创意人员根据点子的需求，或在创意概念的引导下自由发挥，但是在未来，风格会在建立品牌的过程中发挥越来越重要的作用。所以，我们要认真学习如何用风格来累积品牌资产，特别是在当下这个传播时代。

品牌要像人一样表达善意

善意来自和生意无关的活动，给人一种友善的感觉，透过这种感觉，可以让消费者觉得品牌就像亲戚朋友一样关心自己。做公益活动，除了对企业声誉有帮助，也为品牌拟人化做了潜意识工作，同时提升了产品溢价的能力。所以，品牌做慈善事业，并非没有回报，这是在巧妙地通过品牌化的洗礼，达到增加营收的目的。

向消费者表达善意，也可以是品牌策略的一个选项，可以成为一个品牌主张。我将资本划分成好资本与坏资本。坏资本不择手段、贪婪逐利，好资本则对人充满善意。好资本希望通过资源的分配将资源投到对人类文明、社会福祉有贡献的企业。例如，洗碗机可以减少人类做毫无意义工作的时间，让人们将这个时间用于更有意义的事情上，这就是促进人类文明的进步，让人类获得解放。源码资本就是好资本，面对中国改革开放的浪潮，它相信如果每个人都秉持"你好，我才好"的态度，这个世界就会更加美好。"你好，我才好"也是绝对正确的主张，因此，这个主张可以避免一定的风险。源码资本以提供善意的方式实现了品牌化、拟人化的目的。

基因就是品牌的关键词，每一个品牌背后都有一个永恒不变的关键词。

品牌基因

要拟定一个有助于生意的品牌主张，首先要定义这个品牌。所谓定义品牌指的是用一句话简明扼要地描述出品牌最美好之处。这个最美好之处，或是说明产品带给人类的终极利益，或是提炼出品牌在精神层面对人类做的最大贡献。

例如，克丽缇娜是一个拥有 4000 余家 SPA 美容店的连锁品牌。可以通过"利益阶梯"推演其品牌主张：因为含有氨基酸成分，所以能抗衰老；因为抗衰老，所以让女人更美丽；女人美丽了，就会更自信；女人有了自信，才能自在地做自己。于是让女人能够自在地做自己，就是克丽缇娜带给人类的终极利益，也告诉人们克丽缇娜到底是什么。

通过利益阶梯推演出品牌真我，以此定义品牌，是一条捷径。正规的做法是先提炼品牌基因，再结合品牌基因描述品牌的最佳真我，这也是品牌定位的方法之一。

如何提炼、总结品牌基因

基本上，我们只有在做了调研工作后，才能找到品牌基因。有两种调研方式，一是访谈品牌方的高管，二是对消费者进行调研。高管指的是对品牌未来有影响力的人，除了创始人、合伙人、市场总监、品牌总监，也可能包括销售渠道负责人、首席财务官及 IT 部门领导者。一般在访谈 8~12 人后，可以总结提炼出 6 组左右的基因。至于对消费者的调研，一定要针对产品的资深用户，也就是品牌铁杆粉丝。真正的铁杆粉丝是那些当品牌面临麻烦时会挺身而出为品牌辩护的人，也只有品牌的铁杆粉丝才能告诉我们不知道的信息，如他们喜欢此品牌的真正原因和他们内心深处的想法。访问 60~80 个粉丝可以获得六七个品牌基因，以及 18~21 个和品牌基因有关的关键词。关键词是简化策略思考的有力工具，有了关键词作为基础，可以进一步搭建策略框架。

抖音
高效与好奇

抖音的品牌基因是通过一个核心关键词配三个次要关键词的方式来表达的（见下图）。这样的示意图让人们一眼就能明白品牌的核心。用图中的三个次要关键词组织一句有意义的话，就是对品牌基因的描述。我们将分别描述好奇与高效的两句话进一步融合成一句话则是：抖音是一个激发人们生活灵感的工具。这就成了抖音的定位。抖音不只是一个娱乐性的短视频应用，抖音在心智方面的定位是一个能激发生活灵感的工具。

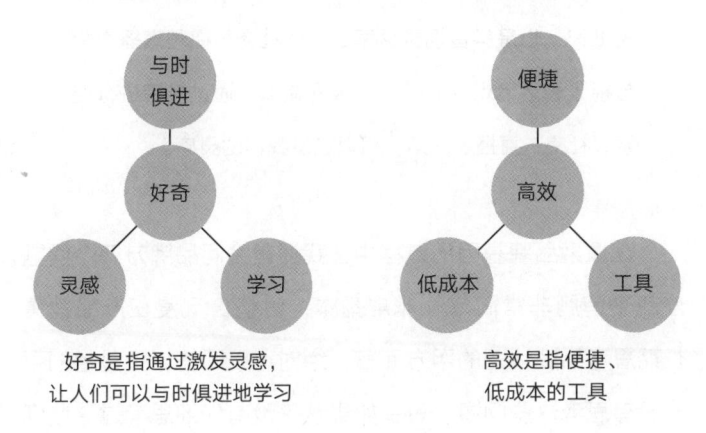

好奇是指通过激发灵感，
让人们可以与时俱进地学习

高效是指便捷、
低成本的工具

抖音曾经想将自身定位成一种全新的生活方式、一个未来的视频化生活模式。但人们却不以为然，人们因在手机上浪费时间，已经产生一种淡淡的内疚感，因此人们不愿活在抖音的世界里，他们期待实实在在地活在真实世界里，而不是虚拟生活里。所以，抖音如果把自己定位成消费人群的伴侣，消费者反而不太高兴，并且会认为抖音很自大，从而对抖音萌生一种莫名其妙的厌恶感。所以，越成功的品牌越要懂得谦虚的道理，越成功、越伟大的品牌就越谦虚。

因此，抖音没有自大，还是将自己定位为一种工具，一个帮助人们过得更美好的工具。它能激发人们的生活灵感，让人产生好感。激发灵感是抖音品牌策略的关键词，也是抖音视频搜索、视频社交、视频直播卖货与视频表达等媒介的共同终极利益点。通过抖音进行搜索、社交、直播、表达，可以激发我们的灵感。

在探索品牌基因的过程中，我通常会问品牌方四个问题。这四个问题非常简单、非常基本，对整日沉浸在产品销售、长期思考品牌运营的甲方而言，绝对可以回答，只是他们平时没有思考这些问题。可是如果从来没有仔细思考过这些问题，它们也可能是最难的问题。

1. 如果XXX（某品牌，后同）是你的孩子，你希望其长大成为一个什么样的人？（提示：人格特质、个性，例如有头脑的绅士。）

这个题目是个热身题，是个自由联想的题目，任何人都有自己的联想，所以很容易回答。打造品牌很像养育孩子，即使如此，每个小孩也有不同的个性与特质，不能用一般养儿育女的方式方法回答这个问题。雷军对这个问题的回答是，希望小米成为一个奔向阳光的少年。有时候，通过回答最简单的问题就可以轻而易举地找到品牌的真谛。

2. XXX和其他品牌最大的不同是什么？

这也是再基本不过的问题了，可却是最难的问题。因为现在的竞争市场，很难在产品上发现差异化的特点。它难在确认其他品牌指的是谁。钻石品牌DR的直接竞争者是I Do，简一大理石瓷砖的间接竞争者是大理石。和其他品牌最大的不同可以是商业模式的不同（DR的钻戒，男士一生只能定制一枚，绑定身份证后不能复购），也可以是消费人群的特色（快手的消费人群在三、四线城市特别庞大，淳朴乡土味是快手的特色；抖音的视频在视觉美学上做得特别完美，内容充满趣味），还可以是个性上的差异（转转二手平台的老实憨厚有别于闲鱼的商人本色），甚至可以是产品的差异化特点（林清轩护肤产品的成分都来自稀有的山茶花萃取物）。

3. 你认为XXX与用户的关系像什么？（提示：朋友？情人？师徒？主人与宠物？……）

对于品牌与用户的关系，我们要思考什么关系有利于我们的生意。例如，假设我们开了一个英语培训机构，我们有一个人性洞察：人们之所以会花钱上英语补习班，主要是因为担心自己毅力不足、耐心不够，所以花钱请人逼迫自己上进，从而学好英语。基于这个洞察，品牌该扮演的角色就是一位严格的父亲，教导爱偷懒的孩子学好英语，父亲越严厉，用户的满意度反而越高。品牌把与人们的关系定为父子关系有利于生意蓬勃发展。另外，全联超市在品牌角色上扮演了一个过于实在的商人，一个比消费者愚笨的人，因为谁都喜欢跟一个比自己笨又不在乎吃亏的人打交道。我们不愿意和一个精明能干的店老板打交道，因为我们不想被占便宜。品牌和用户之间的关系不是任其自然发展，而是需要精心设计。设计品牌与用户之间的关系，是品牌策略的重要一环。

4. XXX 最重要的基因是什么？

这个问题是前面三个问题的总结，也是最重要的问题，基因是品牌的核心要素，一个品牌不会只有一个基因，可能有四五十个大大小小的基因。确定哪一个基因会永恒不变是一个艰难的过程。我发现很多人想让自己品牌的基因兼容并包，于是就会用美好、精彩、快乐等没有指向性的词语描述品牌基因。其实，品牌基因不应追求兼容并包，而应追求指向性。品牌基因必须引起共鸣：快手的基因是博爱平等，抖音的基因是有趣，简一大理石瓷砖的基因是匠心，名创优品的基因是任性,闪送的基因是善良,58同城的基因是归属感。基因就是品牌的关键词,每一个品牌背后都有一个永恒不变的关键词,这个关键词必须从品牌的过去挖掘,而不能凭空创造。我的品牌理念是找到一个永恒不变的元素,而不是创造一个关于未来的限定词。

经过调研之后,我们一般可以收集五六十个有关这个品牌的基因关键词。这些关键词组合在一起,就是"品牌字典",将来在进行传播时就可以用"品牌字典"上的关键词描述品牌故事。当品牌基因被确定之后,我们要从五六十个基因关键词中精挑细选三个核心基因,然后用以下两个句式总结出一句话,说明品牌带给人类的最美好事物是什么。

> XXX是AAA、BBB的CCC(两个形容词,一个名词)。
>
> XXX是AAA,给你BBB、CCC(一个名词,两个动词)。

后者描述的品牌真我,是品牌带给人类的终极利益。

> 抖音是能启迪我们生活灵感的工具(定位)。
> 克丽缇娜让女人可以自在地做自己(贡献)。

方特在中国二、三线城市有 24 个主题乐园，分布在芜湖、宁波、厦门、南宁等地。我们收集了方特的品牌基因：创造力、回味、好奇、玩乐、快乐、忘我、刺激、放松、民族情感、多元、融合、中华文化、欢乐、自在、从容、同乐、一起玩耍、交流、老少皆宜、增进情感、活力、惊喜、年轻、突破、进化、温度、陪伴、合家欢、启发、学习、文化、身心投入、感染力、创新、专注、与时俱进、想象力、斜杠、故事、亲近、新奇、尽兴、丰富、回忆、真实、感动、代入感、东方、科技。

方特

"创新""一起玩耍""欢乐"是方特最重要的三个基因，这三个基因的定义分别是：

创新	一起玩耍	欢乐
结合科技与文化，带来与时俱进、身临其境的体验	在这里，不分男女老少，也不分你我，人们可以自然交流感情	全心投入，尽情忘我激荡出互相感染的欢乐

方特品牌真我

创新是我们与众不同的核心,一起玩耍是我们的愿景,欢乐是我们带给世界最重要的礼物。

这三个品牌基因的融合,提炼出方特的精髓,那就是通过创新打造能一起玩耍的欢乐时光,这是我们对人类最美好的贡献。

走进方特,新颖的科技设施和亲切热情的服务,让人自然而然放下生活的烦恼,自在从容地与重要的人一起玩乐。

同样是旨在为消费者带来欢乐的名创优品却有不同的品牌基因。方特的欢乐是在一起玩耍的快乐,名创优品的欢乐则是放任自己的欢乐。

名创优品

"优质低价""随心所欲""欢乐"是名创优品的三个品牌基因,这三个基因的定义分别是:

优质低价	随心所欲	欢乐
以亲民的价格，就能买到实在、高品质的产品	让人感到包容、舒服、尽兴、自由	开放、自在的感受让人沉浸在充满趣味的氛围里

名创优品品牌真我

名创优品以"优质低价"让人"随心所欲"地享受"欢乐"。

"优质低价"是我们打造产品永恒的目标。

"随心所欲"是我们希望消费者在购物时拥有的心情。

"欢乐"是我们提供给消费者的终极利益。

名创优品不只是个购物场所，还是个淘宝乐园，让人自在舒服，惊喜欢乐。

我观察到，大部分品牌梳理就只梳理了品牌真我，大部分传播直接从品牌定位展开。其实品牌真我不是品牌梳理的终点，其终点是品牌主张或品牌的远大理想。

我们定义了品牌是什么，即品牌真我，接着便要根据这个定义探索可以撬动品牌真我的人性洞察或社会纠结。只有透过人性洞察或社会纠结,也就是属于品牌层次的洞察,我们才可以提出一个能激发讨论、引人深思的品牌主张。

找到可以撬动品牌的文化张力

我通常用以下四个问题寻找文化张力。

1. 从人类学的角度来看,XXX在生意上的课题是什么?

在此,我要特别强调,品牌在解决生意课题时必须从人类学的角度进行思考,不能基于一般的销售问题或者类似品牌老化、不够年轻、品牌没有高级感、溢价不足这样的伪命题。例如,闪送的使用场景是在某个关键时刻把一个重要物品交给一个完全不认识的陌生人,由这个陌生人把那个重要物品送至某处。再例如,闪送递送的物品都是重要的文件——身份证、房产证、合同,或贵重的商品——钻石、珠宝。将这些东西交给一个陌生人,风险很大。这就像,我在公交车站看见一个老奶奶跌倒了,我刚要上前搀扶,身旁的人却拉住我说:"小心是个骗局。""对陌生人的不信任"就是闪送从人类学角度面临的最大课题。

另一个例子是简一大理石瓷砖,它在人类学的角度上要面临的生意课题是"仿制品永远比不上真货"的偏见。简一大理石瓷砖的竞品是天然大理石制品，而人类一向的认知是天然的物品比人工的好，因此简一大理石瓷砖在一些人的心中就是假货。这是简一品牌遇到的难题。

2. XXX所在行业的制高点是什么？

什么是制高点？这是人们对品牌的一种很抽象却很明确的预期，是消费者对品牌的情感寄托，它需要领悟，很容易让人产生共鸣。可口可乐的作用是清凉解渴，它的制高点是欢乐。过去，手机的主要作用是打电话、发短信，所以当时其制高点是连接。现在，手机还可以进行支付、买卖股票、搜索信息、展示健康码……如果人们出门忘了带手机，会浑身不得劲儿，魂不守舍，好像身体的一部分被落在家里了，所以现在手机的制高点是"存在感"。超市的制高点是安全感。试想如果爆发世界大战，你希望楼下是什么？绝对不是一个路易威登或香奈儿的精品店，反而希望是一个大超市。它能保证你的生存，这就能带来一种安全感，因此安全感正是超市在人类潜意识里的制高点。

3. 为了有利于XXX的生意，我们应该撬动人性的哪个点？

美容保健商品要撬动的是爱情，只有对爱情有所憧憬的人，才会对美容有所需求。我们要利用爱情的力量，传播爱情的故事。至于彩妆商品，则善于撬动女人喜欢"伪装"的天性。

4. 目前社会上的哪些价值观有利于XXX做生意？

我在对舍得酒品牌进行梳理的过程中，认识到人们压力越大，白酒行业越繁荣。人的欲望越多，要的东西越多，压力就越大，压力一大就想喝白酒，因此，舍得酒的品牌主张是释放人们的压力，主张懂得舍弃，才能有所得，即舍得。汇源果汁的生意来源是开拓早餐市场，如果人们像喝牛奶一样喝纯果汁，那么纯果汁的市场可以立即扩大3倍，而只有对生活有一定要求的人，才会改变习惯，在吃早餐时喝果汁，所以人们对生活的要求越高就越有利于纯果汁的销售。

文化张力就是人性的洞察与社会价值的纠结，因此，我们要找到一组具有争议性的话题，品牌主张要建立在这些具有争议性的话题之上，这样才有被讨论的价值，才会自然而然成为人们关注的生活议题。一个品牌主张在推出时若能引发人们讨论，或是启发人们在内心进行反省，便是一个非常有影响力的品牌主张。

例如，克丽缇娜提出了一个品牌主张：即使爱情不可靠，女人也要勇敢去爱；女人在一生中必须轰轰烈烈地爱一场，才是一个完整的女人。

提出优质问题,引导其进行思考,
或者用好问题启发思考。

和企业大老板的沟通心得

近些年，通过品牌梳理项目，我和许多公司的创始人或CEO进行过交流，例如，小米的雷军、360的周鸿祎、瑞幸咖啡的陆正耀、快手的宿华、抖音的张楠、58同城的姚劲波、人人车的李健、闪送的薛鹏、OPPO的陈明永、林清轩的孙来春、克丽缇娜的陈碧华、I Do的李厚霖、DR的卢依雯与张国涛、名创优品的叶国富、简一大理石瓷砖的李志林、华强方特的刘道强、全季酒店的季琦等。我梳理的项目涉及深度剖析品牌，这些项目都需要创始人或CEO的首肯才能结案。因此，我除了向老板们学习为人处世和经营之道，还学习了如何和这些身家上亿的人沟通。

这些大老板之所以雇用我，原因只有一个——觉得我比较专业，但他们认定我比较专业的角度很不一样。举个例子，有一天，我带着10盘艾菲奖的报奖视频录像带去见宿华（那年台湾奥美是艾菲奖得奖最多的代理商）。我介绍完10个成功案例后，宿华和他的下属在房间交流了片刻，那位下属出来告诉我："我们老板说，'阿桂这个人老奸巨猾，我们赶紧雇他吧'。"我因为"老奸巨猾"被雇用，不知道该难过，还是该高兴。其实，我不是老奸巨猾，我是老谋深算。

我整理了和大老板沟通的一些心得。

为自己塑造一个不会失败的形象

首先，要精心构思一个完美的自我介绍，目的是让他们认为我从未失败。我的自我介绍通常是这样的：

> 我从小就十分勤奋，也很会说话，所以很早就当上了台湾奥美总经理。我负责的广告公司的业绩非常突出，所以我也很会赚钱。当时我想，我必定是集团董事长的接班人。没想到，有一天我的老板告诉我，接班人不是我，并告诉我两个原因。一是我的英文不够好，一定吵不过外国人。二是我太仁慈，会犹豫不决，导致错失良机，而且我也会很痛苦。因此我回到广告一线，为客户

服务。就这样在一线为客户服务了20年，广告手法也臻于至善，得到了客户的认可。因此，面对挫折和挑战，我懂得变通，并且越战越勇，从不允许自己失败，也从未失败。

这个自我介绍得到许多创始人或CEO的认可，很喜欢我的自我介绍。他们认为，在品牌领域，骗子太多，他们之所以会把重要的项目交给我，是因为他们相信我一定能高质量完成任务，不会失败。

将自己定位成不可取代之人

定位理论也可以用在营销自己的业务上。首先，我将自己定义为品牌顾问，通过竞争者的报价衬托自己的报价。我的竞争者就是那些经常在杂志上刊登广告的品牌顾问，如特劳特、华与华。它们的报价一般较高，我的报价稍低。有了价格优势，然后我将具体业务分为两部分，让客户二选一，一块是目前市面上的品牌顾问所做的业务，另一块则是我做的独一无二的业务。两者设计的品牌标语在本质上有很大不同。特劳特：瓜子二手车，没有中间商赚差价；华与华：爱干净，住华庭；叶茂中：有问题，上知乎；君智：喝老白干，不上头；里斯：老板电器，油烟机只选大吸力。这些所谓的定位标语，都是用逻辑演绎出理性利益，强调的是商品的用途、使用场景或差异化的特点。然而对我而言，这些只是产品定位。我根据品牌梳理，设计的标语则是——全季酒店：自然，而然；五源资本：别人眼中疯狂的你，开始被相信；鲜茶道：永远的新鲜人。我设计的标语除了注重逻辑，还注重精神层面，期待消费者在看到标语的同时产生情感共鸣，进而对商品更加青睐。我追求的是一见钟情的意念，而不是强迫记忆的文字。

从人类学角度，询问关于业务的问题

要想赢得大老板的欣赏，你要提出优质问题，引导其进行思考，或者用好问题启发他思考。当他通过思考终有所得时，他就会对你更加赏识。

我经常问以下三个问题。

其一，你面临哪些人类学方面的业务课题？例如，人们普遍不相信陌生人，这是闪送在人类学方面遇到的业务课题。要从一个新鲜的角度探讨业务课题，进而开阔创始人的思路，他也会因此对你有深刻的印象。

其二，你的品牌所在类别的制高点是什么？制高点是一个抽象的名词，只能领悟，不能推断，因此这个问题可以激活创始人的右脑，引发感性思考。当然，这个灵魂考问也会引发创始人对你的好感。

其三，你想利用人性的哪方面来做生意？例如，克丽缇娜利用爱情这个概念来做生意。

千方百计加对方的微信

能够和创始人成为微信好友，间接表明创始人对你有一定的信任，最重要的是，在往后的服务过程中你们可以直接沟通。我通常是在问了问题，客户一时语塞后，就建议他晚上好好想想，第二天通过微信回复我。于是我们加了微信。你在和创始人成为微信好友后，就不要滥用这个沟通渠道。

懂得察言观色，审时度势

所有的大老板虽然不喜欢刺耳的话，但他们更看不起唯唯诺诺、没有自己观点的人。所以面对企业创始人或CEO一定要有自己的观点，甚至敢于针锋相对。同时，要学会察言观色，当察觉到大老板开始没有耐心的时候，必须适可而止。

信手拈来的案例最具说服力

通常我们在介绍一些成功案例时，都是用一个整理好的PPT，逐页介绍。后来，我发现没有PPT的案例介绍更有说服力。所有人，包括大老板都喜欢听故事，成功案例是最有效的故事，要像讲故事那样介绍出来。没有PPT的包装，更像信手拈来的讲述，更能打动人，让对方认为你做了很多成功案例，进而对你更加信赖与欣赏。所以你必须熟悉案例的内容，将之转化成日常语言，训练自己不依靠PPT，也能生动地讲一个好故事。

点亮自己，照亮别人

如果每个人不仅能点亮自己，还能照亮别人，这个世界就会更美好。这就是林清轩山茶花润肤油的品牌大理想。当我被大老板认可之后，接下来就要让自己的伙伴也被老板知道、认可、欣赏，让他们也发光，最终他们的光彩会反射到我身上，让我更加有光彩。

在客户兴致最高的时候报价

品牌梳理不能用工资的概念计价，因此，客户买不买单就看他对品牌的价值是否重视。什么可以让客户兴致最高呢？我认为客户在受到触动的时刻兴致最高，所以我通常会用 6 支特别感人的广告片打动客户。放完广告片，递上纸巾的时候，就是最佳报价时机。

没有明确的结案时间将是一场灾难

品牌梳理是一个化繁为简的过程，最后产出的是一句话或品牌主张。它彰显了品牌的核心精神、价值观、态度，可以有情感地表达品牌主张。因此，必须明确结案时间，呈现明确的成果，否则会失去客户的信任，跌入万劫不复的深渊。

仪式感是一个重要的管理工具。

仪式感创造永恒的记忆

仪式感是一个重要的管理工具。我刚担任台湾奥美总经理的时候，有一天，我的老板庄淑芬把我叫到办公室，说我天生歧视仪式，认为仪式是一种官僚作风，特别矫情。她提醒说，我的观念是错的，相反，仪式感是非常重要的管理工具。人们不会将你在抽烟聊天时的命令当一回事，重要的指示必须以一定的仪式来下达，这样才正式，才能真正激活下属的行动。

仪式感还能创造新鲜的记忆。对大型组织的管理，必须通过各种充满仪式感的会议来落实各种行动。研讨会不仅能吸收更多有益的想法，凝聚共识，还能聚焦组织的重大课题；定期的财务复盘会议能即时看到利润方面的问题，并有效管控成本，保持公司财务稳健；临时工作会议，除了探讨问题的核心，还会分配任务……许许多多的会议，都是通过会议形成仪式感，让与会人员记忆深刻，让组织的运作更加畅顺，让团队更有行动力。

我的老板TB是一位善于运用仪式感进行管理的领导。一次，他约我周六早上到丽思卡尔顿酒店吃早餐。当时，这个酒店是台北市最高级的酒店，精致高雅，是许多高管来台北出差的首选。我的办公室就在TB办公室的隔壁，有什么事，他完全可以探头过来叫我进去，何必大费周章？周六早上，我来到酒店1楼的意大利餐厅，只见TB早已到了，餐桌上摆着德国香肠和喝了半杯的果汁……TB放下早报，抬头告诉我："台湾市场就要萎缩，所以你要趁早精简人员，至少裁15%。""可是我今年刚给员工发了有史以来最高的年终奖金，平均四个月！为什么要裁员？"我很不服气地抗议。"你只有在手头资源丰富的时候，才能给出合理的遣散费。"软弱的我不敢违抗命令，郁闷地离开了酒店。

周一，我立刻让财务负责人及各部门经理来开会，说明裁员的必要性，每个部门要裁四五个人。大家竟然都没有强烈反对，该不是他们心里早就有了这个念头？当我问及名单确定后，由谁去跟员工谈话时，他们都说，当然是部门经理。分级负责真是一个很好的管理机制。

我问即将被裁减的一位员工，他的经理有没有跟他沟通。

"沟通了，大意就是要我改进一下工作。"

我心想，这是什么沟通？不明不白的。

看来没有人愿意做裁员的刽子手，一切都得我这个总经理亲自出马。我当下就告诉他真相，于是一阵沉默……他在一周后，打电话要求多给他三个月的补偿，我一口答应。正如TB所说，趁我有钱的时候裁员比较容易。

当时，我的压力变得特别大，我向朋友请教裁员经验。一位朋友告诉我，裁员先要有一个合理的理由，比如，明确规定每年要裁减绩效评估落在最后5%的人，以此保证组织不断推陈出新。我认为以创意为核心的组织，恶性的同事竞争对促进团队合作非常不利，便否定了这个主张。另外，我又打给好友范庆南，她对裁员很有经验。她给我一个忠告：永远不要把一个员工叫到你的办公室，告诉他已被裁掉，那个员工可能会缠上你；你要走到他的工位，单刀直入："明天，这里就没有你的位子了。"

HoHo是奥美创意部的元老。他年轻的时候，样样精通。那是一个手工绘图的时代，不会绘图不能进广告公司当设计。后来，时代不同了，一切改用电脑制图、美图，设计更快、更精美。但是HoHo没有跟上时代，没有发奋图强，学习新的技能。因此，我们不得不雇用一个年轻的设计助理。

HoHo口述，助理执行。过了两年，助理成长了，HoHo的价值也就没了，所以他上了待裁名单。

一天，我在HoHo的桌上放了张忠谋的一篇文章，文章内容大意是：50年前，你如果有一技之长，可以靠它活一辈子；10年前，如果你有一项过人的技艺，它也只能让你保持6个月的竞争能力；时代在变化，如果不能跟上改变，不断进步，你就会被淘汰。第二天，我打电话给他："HoHo，你有没有看我昨天给你的那篇文章？你有什么感想？""桂总，我看了，但是我不懂这是什么意思？"于是我立刻约他在公司的图书室见面。我告诉他："这篇文章就是在说你。这么多年，你都不愿意学电脑设计，跟上时代，我还必须多雇一个人给你做助理。公司现在已经没这个能力了。我给你三个月带薪休假，你明天不用来公司上班了，赶快去找新工作。"我没有完全按照范庆南的建议直接去工位辞退HoHo，为了保全他的颜面，我选择了图书室。HoHo一言不发地离开了图书室，但是第二天他依然准时上班，准时下班。虽然我们已经不再给他安排工作，但他还是每天早上9:00准时来公司，坐在工位上一言不发，到下午5点才走。我都替他着急，我对他说："你不要再来公司了，赶快去找工作！你在奥美工作期间找工作比较容易。"他说："我知道。"但是他没有听从我的建议,依然每天准时来公司,坐到下班。就这样三个月过去了,从此,他再没有和我见面。我相信他始终无法接受这个事实。时隔多年,我遇到他的妻子,我问她："HoHo去哪儿上班了?"她说HoHo一直没有找工作,现在的她也不敢失业。

还有一位员工一接到被裁员的通知,就来找我抗议,他说应该被裁的是他的老板Nick,他讲了Nick的很多坏话,但是对我而言,我会毫不迟疑地支持我的下级,于是我还是裁掉了那位员工。三年后,微信刚刚兴起,流行用微信拜年,那位员工发来一条长长的拜年信息:开头当然是"许久不见,甚念,祝阖家平安、新年快乐"。不料话锋一转,他说如今自己带精英参加了海尔的比稿,大败北京奥美,并成立了青岛办公室,服务海尔客户,手下有100余人,业绩卓越……我回了他一句"我替你高兴"。他用战绩与成就证明了我当年看走了眼,失去一个如此英勇的大将,我真心替他高兴。后来我去大陆出差,在东航的贵宾休息厅巧遇他。见面时,我俩真诚拥抱,心中的芥蒂完全消失。又隔了多年,他回台湾做了一家小广告公司的总经理,我则刚好有机会去青岛海尔总部演讲。他之前的手下成了奥美青岛办公室的负责人。在青岛,我感受到了他们对他的尊敬与钦佩,可见当年他在青岛是个风云人物。

过去的奥美有自己的摄影棚,聘用了两名摄影师,他们在奥美待了10年以上。我称呼那位年长者为大哥,有一天,我对他说:"大哥,我们这个摄影棚,早在王懿行时代就打算撤掉,因为摄影的项目艺术指导都希望采用外包形式,把工作交给更专业的摄影师,但我认为奥美生意兴隆,又不缺钱,养一两个摄影师不算什么,为你保住了工作。后来,新领导上台第一件事就是想砍掉摄影棚,我又力劝他保留摄影棚。现在,我们要搬到松仁路的新办公室,那里没有摄影棚空间。这间摄影棚里所有的器材与设备全部送给你,你去外面创业吧!"

"如果当时你就让我走,我还可以趁着年轻勇敢创业。现在的我哪里有时间学习新的技术?哪里有体力开发新业务?是你耽误了我的前途!"我听了,极为无语。

某天下午,我从大卫的办公室出来,第一眼就看见了阿娇,阿娇也第一眼看见我。我正要开口打招呼,她的第一句话竟是:"阿桂,我现在速度很快,设计也很敏捷,最近都在做急件,我帮李奥贝纳设计的麦当劳促销包装又快又好……"阿娇曾是我很喜欢的一名包装设计师,但裁员名单上却出现了她的名字。我问:"为什么?"主管告诉我:"她的速度太慢了。"难怪她连问候也没有，就直接告诉我她现在速度很快，因为速度慢被裁员的阴影一直折磨着她，见到我就爆发了。

我一直欣赏日本企业的终身雇用、绝不裁员的风格。没想到我竟是台湾奥美成立以来裁员最多的总经理，而且每一个被我裁掉的员工都记得我。

只有原则、没有理想的专制不会成功,
只有理想、没有原则的任性必定失败。

广告老师傅的一些体会[①]

---

① 本章整理自作者在奥美集团公司大会上的演讲稿,为保留作者风格,部分时间线未做调整。

广告的原则

1999年,我担任台湾奥美总经理,直接肩负大团队的管理责任与业务成败。在"丢掉"两个客户之后,我和全体员工分享了工作中的一些原则。

客户的原则

这个星期,我分别见了两个客户,他们都将离开我们。他们还有一个共同点——都是企业的最高领导者、最终决策者。他们一个是声宝的陈泰铭,一个是诗芙侬的黄董。

我曾在英国小学的圣诞游园会上遇见陈泰铭。

他也带着一家老小参加这个亲子活动。我们亲切地打招呼,介绍家人互相认识,但就在上个星期他刚刚拒绝给我一个价值近1.4亿新台币的广告订单。非常遗憾，我们没有拿到这个订单，因为我拟了一个他无法接受的价格策略。在比稿前，我和他建立了很好的关系，彼此说话也很投机，他甚至欠了我们一些人情。但比稿后两个月内，我打了数十通电话，他没有一次回电，也没给我任何见面游说的机会。他希望自己很清醒地做这个判断，他们公司内部完全没有讨论，他要自己做决定。在他心中，友情及绝情同时存在，他做该做的事、自己认为对的事，他对他的选择负责，他很有原则。虽然我讨厌他的决定，但我尊重他的原则。

前天我去诗芙侬要账，他们的片子停拍了，应该付我们前期工作费用100万新台币，但黄董决定一分不付，因为片子没拍成，没有理由支付报酬。他看到我单枪匹马前来，很意外。我们两人在他的办公室谈话。谈这种事情，一对一比较好，不需要两队人马对阵。

最后他告诉我："我一看见那个金额，就不想付款，情绪立刻就上来了，很怕看见这个数字。我的手下也想逃避。然而，既然我和你一样是公司的一把手，就让我们直面这个事实吧！这是我们应该有的原则。"他说自己很浪漫，爱幻想，并且追求创意，但在应该实际的时候，他也非常实际。

并存的两种矛盾

"在现实的竞争环境中,必须同时具有两种貌似冲突的价值观,才能生存。"这到底是不是真理?一次同事大 Ben 和我同乘一部出租车,我们就讨论了这个问题。他说:"虽然我不喜欢这句话,但我相信它是真理。"我和他的想法一样。

这也让我想起来公司创意总监杜致成的履历表,他形容自己是艺术家与生意人的结合体。我相信,能够存活最久,并经常占据创意高峰的创意人员,必然是那些既热爱创意,又对自我要求最严苛的人。一些实用原则确保了他们的创意热情不减。同样,爬得越高、越战越勇的广告业务人员,必然是那些既热爱创意,又对自我要求最严苛的人,是原则确保了他们不断学习。

我相信这句话,对奥美的任何一个员工都说得通。

那么原则是什么?也许不同的行业都不一样。我们这行最重要的就是和时间有关的原则——准时,即准时交稿。无论是在内部,还是在外部,都要做到准时做会议记录,准时反馈,准时报价,准时上交财务报表,准时上交作品,准时核查,准时反馈。要做到准时,通常要付出一定的代价,而不假思索地付出代价也是一个原则。

其他的原则，听起来都是理所当然的"生活须知"，例如，说话算数，重承诺——包括对伙伴的承诺和对客户承诺。又如，就事论事，想清楚，说清楚，坦白诚实，不猜疑，尊重别人的发言，珍惜每一个可能的想法。这些原则若变成学生时代的作文题目，我相信每个人都会说得头头是道。

人性是可爱的，这一点绝对需要不断被提醒、被尊重。但人性也确实有许多弱点，需要我们诚实面对，不断反省。而原则保护我们可爱的人性不会腐败，发出恶臭。

只有原则、没有理想的专制不会成功，只有理想、没有原则的任性必定失败。

我会提拔什么样的人

用人是领导者最重要的使命，一个领导者会提拔什么样的人，应该有一致的标准。对我来说，这个标准就是三种能力和一个特色。

专业能力

简言之，业务人员要有较好的书面表达能力，创意人员要有好作品，财务人员要有严谨的报表，秘书要有灵活应变的能力。

当主管面对两个专业能力相同的下属，必须二选一时，谁能在相同资源条件下提供完成度较高的作品，谁能在较短的时间内提出更周全的想法，谁能在较少的预算内提供更精确的解决之道，谁就是胜出者。

对在奥美工作的人来说，专业精神是成就感的主要来源，我们因为比较专业而觉得光荣，奥美任何未来的领导者都必须在专业能力上以身作则。

学习能力

学习不只是用功读书，认真生活。只是运用记忆力累积知识不足以成长，上网、逛书店、看电影等学习途径只是最基本的功课。学习能力不只是聪明的吸收能力，或是专心速读的技能，而是能将知识转化成个人的才能，因此必须有对话的能力。所谓对话的能力，除了和别人对话，更包括与自己对话。真正的对话不只是了解与分享，而是能借对话的机会，创造新的体会，沉淀新的观点。

拥有良好的学习能力，自身的专业实力才能不断积累与更新。良好的学习能力更是积极向上的最大驱动力。有的人为了权力与自主性而努力奋斗，有的人则为了累积财富而奋发向上，但不断学习的原动力是副作用最小的驱动力。

正面思考的能力

要在这行活得长久，除了毅力、体力，还要有正面思考的能力。我们不必那么辛苦地每天卧薪尝胆，如果我们能自然地感到快乐，我们就能找到机会，进而发挥潜力。自我提拔的机会，就在于把一个小小的优势放大成全面的优势。发挥自己的优势比改变自己容易得多，而且更有效率。

快乐地工作比痛苦地工作更有效率。事实上，正面思考能力可以通过学习来获得。

人格魅力

人格魅力是个奇怪的条件，也许这是我的个人喜好或偏见。所谓人格魅力，不是来自时髦的外形，也不是来自良好教养调教出来的仪态。

我相信，人们会不由自主地散发一种无形的魅力，来自其热诚的心智，更明白地说，这种魅力就是明确且一致的价值观。一个有魅力的人通常会做出智慧的抉择，并且都和"关爱他人"有关。

我不会提拔什么样的人

虽然我不喜欢急功近利的人，但如果他符合上面的标准，他还是应该得到提拔。是否爱拍马屁也不是我们所关心的。我们也不必考虑他的性格是否温和，态度是否和蔼。

我不愿提拔会把团队功劳据为己有的人。分享是团队合作的基础，而抢功劳则是团队分裂的开始。要辨别爱抢功劳的人并不容易，通常只有那些被抢走功劳的人才知道。当爱抢功劳的人步步高升，其不良影响必然越来越大，所以必须特别小心。

留不住人才的原因

上任总经理满一年后，我表面上名利双收。奥美在创意领域获得的奖项最多，在企业声誉方面继续被《天下杂志》评为标杆企业，发出了业界最高的年终奖金。但是，我感受到最大的危机已经来临。

表面上的功成名就在我内心并没有形成满足感，反而使我觉得："哦！目标总算达成了，任务终于完成了！但这只是一时的解脱。"之所以会有这样的想法，是因为我担心同事在这里工作不够愉快，而且我担心他们在这里会失去工作激情。我之所以有这种担心，是因为我一直相信：只有愉快的工作环境与热情的同事，才能保证未来三年持续名利双收。

前段时间，我的朋友问我公司近来如何，我回应说："虽然有名有利，但士气不佳。"他问我："你怎么确定你知道事实？说不定只是你士气不佳，大家的士气高得很。"若真是这样，我就安心了。

虽然我不够确定，但愿意在此分享我的感悟。

数字总会客观、无情地揭示一些现象，当体温为39℃时，你可能发烧了，也可能是激动了。总之，超出正常就是异常。过去半年，我们人员流动率很高，这让我不安，因为很快招到人是一回事，人才太快流失又是另一回事。

当环境不能留住人的时候，我们虽可以找借口说是因为互联网公司在疯狂挖墙脚，其他广告公司提供了较高的职位和较大的发展空间，但我们不能对数字的警示视而不见。

新员工也许会想："好险，幸亏有人离职，否则我就进不来了。"我非常欢迎今天的你，但我更在乎明年的你。

那么为什么留不住人才？

在我们这行，优秀的人离开的主要原因，是他觉得没有优秀的同事和足够的朋友，没有足够的良师益友就会不快乐。我认为，一个人在他的工作岗位上，拥有20个深交的同事，他是很难被外界打动的，而且他的工作成果一定很优秀。

为什么没有那20个深交的同事？可能有以下三个原因。

1. 不合理的工作量。所谓不合理，可能是太少，也可能是太多。工作量太少的话，根本接触不到20个人，太多则可能因为分内的工作质量较低，变成同事的拖油瓶，导致同事互相指责批评。

2. 不公平的待遇。没有人喜欢和那些被老板偏爱的同事做真心朋友，因为彼此心里会有猜忌，而且双方都能感受到这种猜忌。在奥美，通常是被公认为"老板偏爱的人"会选择先离职。从来没有人认为自己是被偏爱的，相反，多数人认为自己承受了不公平待遇。

3. 批评多于称赞。理想的工作环境中有批评，也有赞美，而且批评总是一对一进行，赞美则是公开的。恶劣的工作环境则是有的同事只称赞自己，批评别人，于是破坏了有福同享、有难同当的交友之道。其实，功过都是集体的，这才是团队合作的精神。

最杰出的领导者，不是当成功的时候，人们会第一个想到你，而是当沉淀下来时，人们领悟到这件事不能没有你。

于是：

1. 当你连续两个月无法在周末休息的时候，或当你一整年都没办法休假的时候，请告诉你的老板。

2. 当你觉得公司的待遇不公平时，请告诉人事主管或者我。

3. 当你很久没有称赞别人时，请称赞自己或找机会赞美别人一下，不必说谎，不必勉强，否则听起来就像讽刺一样。请让正能量传递出去，感染更多的人。

我们公司有个制度，每个部门都可以向主管申请"一日游"的户外教学活动。目前没有人申请过，对此，我很难过。我猜大家唯恐回来要写心得报告，或要做心得分享。现在我重申一下，你不必做任何分享，只要你能找到另一个部门的人一起出游，鼓励大家交朋友，每人可补助500新台币。你可以买张历史博物馆达·芬奇展的门票，中午吃碗桃源街牛肉面，下午泡泡泷乃汤温泉。

是的，最细致的制度、最严明的奖惩、最高效的管理，都不能保证创造最愉快的工作环境，只有最具热情的同事，才能保证。

我会尽最大努力打造这样的环境，你也可以尽一点力，让正能量传递出去，感染更多的人。

前几个月，我们可爱的前台总机小姐在问了我的生辰八字后，给了我一张纸条，上面写着："生命数字9，代表可以'信任'。"

这张纸条贴在我家的冰箱上。回家开冰箱找食物时，我总会看见，我太太说这张纸条也是一种食物，每看一眼都像是一种提醒，便可以好好睡觉了。

我们这行的挑战往往很多，不会事事如意。回到公司，不必互相往伤口撒盐，应该互相敷药疗伤，准备明日再战。

这个周末，我去花市买了一束盛开的百合和一盆未开花的盆栽。

两者的价格相同。百合放在客厅立刻让家里变得温馨，而盆栽，不仅每两天要浇一次水，还要每月施肥，费时费力。可是，百合最多开14天就枯萎了；盆栽虽然每年只开一次花，但会不断生长。

我选择养盆栽，你呢？

生存之道

人总是喜新厌旧，要抓住客户，要让自己永葆生命的喜悦，就要有"随时随地再开始"的能力。

这几年，每次新客户来洽谈新生意的时候，我总是会问他们对之前的代理商有什么不满。大部分的答案是："他们没有犯什么大错，只是有点审美疲劳了，没什么新意，想换换代理商，看看有没有机会突破。"后来，我们拿到了订单。

但相同的遭遇也经常发生在我们失去老客户时。不熟的客户会说得含蓄一些，真正的熟络客户则会诚实地说："你们的作品没什么新意，让别人试试吧。"这种情形，被我称为"黄脸婆效应"。尤其现在市场不好，现实的销售才是最实际的考量。

前阵子，我在电视上看到一个深度报道节目，探讨的是婚外情。一个面部被打上马赛克的第三者回答道："有时候我也很纳闷，他太太那么美丽，为什么还搞外遇？我一点也不比他太太漂亮，更没有她的才情，我想我唯一胜过他太太的就是我比较新鲜吧！"

在另一个电视节目上，主持人说他做了20年律师，帮人打过上千场官司，其中有利益冲突的陌生人很少，大部分是夫妻、兄弟、亲朋好友反目成仇，亲近的人之间的利害冲突，反而比陌生人之间的利害冲突来得更加激烈与无情，这是为什么呢？

我们应该承认，自私是人性的一部分，因此经常宽以待己，严以律人：一方面，贪图外面世界的新鲜来满足自己的好奇心；另一方面，自己却又无法给别人带来新鲜感受。也就是说，对外是"喜新厌旧"，对内是"喜旧厌新"，在要求别人"求新求变"的同时，自己却"墨守成规"。

随时随地再开始

2016年,我们为了保住施格兰1801的比稿,将1801定位为前卫流行。为了讨好一群年少得志的少壮派消费者,创意总监提出这样一个创意概念——"老了该死"。我不喜欢这个表达,但我同意它背后的内涵,若要有所改变,往往必须"置之死地而后生"。我喜欢早期做的盖世威的品牌主张——"历久弥新"。盖世威的样子21年来都没有变,《隽永的好样子》这张比稿还挂在我们公司11楼的门口继续为奥美"加持"。我也更喜欢以前为麦斯威尔随身包设计的主张:"随时随地再开始。"

喜悦之道

无论是悲是喜,人生的每一个当下,都是全新的开始。现在的悲伤,过一会儿就成为过去;现在的荣誉,过一会儿也会成为历史。如果我们真的想要活在当下,保持身心愉快,想要即使到老的时候,也是个可爱的人,就必须随时随地再开始。

这是一种喜悦之道。

三年前,李景宏向我推荐了一本好书,书名叫《活在喜悦中》。今年,裘淑慧为我找到了另外一本好书,其中一个章节讨论如何拥抱新事物，也能引发一些启示与共鸣：

> 当你做新的事情时，你会变得很有意识，并能觉知当下的这一刻，因为你将注意力放在那上面，并能全然地警醒。做新的事情让你的身体振奋，更有活力。许多人宁愿选择一些涉及危险或令人紧张的工作，以便体验让自己存活所需要的觉察力与注意力，像赛车手、攀岩者、走钢丝的人。若是在日常工作生活中，改变作息规律，早一点起床，或晚一点睡，下班回家做一些不一样的事，做出一些不太重要的小改变，也能使人得到一种活力澎湃的感觉。

也许我们所在的行业开始时也像冒险之旅，非常刺激，但做了三四年的广告之后，就会觉得广告人的工作其实是例行的开会、整理、讨论、构思、提案，不断循环。其实人生就像向上的螺旋，你一次又一次地在其中转圈子，常常会面临相同的问题，只是每次都会从一个更高的视角来看待它。文学家在语法的限制下，创作出不同感觉的文章；画家运用三原色，创造不同风格的色彩；作曲家在声乐规律中，创造不同格调的乐谱；科学家在数学定律里，推演不同的命题。其实，广告人与他们有相同的本质。

生存之道

不断重生的道理，不仅是推动人类文明进步的真理，也是所有生物的生存之道。人之所以能生存，是因为细胞能不断分裂，不断复制，重新组合成新细胞。这种新陈代谢过程让我们得以生存，直到我们的新陈代谢出了问题，衰老而死，这是自然界的生存之道。

此刻，我想起日本女子组合帕妃的那首《这是我的生存之道》[①]：

> 最近在你和我之间，感觉不错
> 不好意思，感激不尽
> 从今以后还请多多关照
> 慢慢、慢慢地在过程之中好戏不断
> 相伴走到最后一刻
> 谁也不可以中途打岔

---

① 中文歌词译者为姚谦。

树上刚摘下来的水果非常新鲜
我们最好能一直这样
无论经过多久,都新鲜
唱到这里,再见

附录A 如何做咖啡广告

我从1984年接触麦斯威尔，1996年开始做左岸咖啡馆，2009年服务City Café。近40年来，聆听过数十次调查研讨，思考过上百个提案，过目了上千个作品，终于有些心得，在此与大家分享。

在服务麦斯威尔期间，我遇见了孙越。孙越连续四年担任麦斯威尔咖啡广告的代言人，让台湾成为全世界仅有的两个打败雀巢咖啡的地区之一。其间，孙越也从一个专演坏人的演员升华成一个真正的慈善家。我刚认识孙越的时候，他是个烟不离手的老烟枪，没想到他竟然成为推动戒烟最积极的人。在第二次续约时，孙越告诉我们，他不但已经戒烟，而且将全身心投入公益慈善事业。身为一个推动公益的人，他不仅没选择合法避税,还选择正正当当全额缴税。

孙越是一个真正的慈善家。一个真正的好人在人前是好人,在人后也是好人。

2000年,左岸咖啡馆开始有了点名气。统一企业前总裁林苍生先生交棒退位,这个品牌受到他的青睐,他希望在放下总裁的许多事务之后,能亲自参与左岸咖啡馆的品牌推广。他对左岸咖啡馆的偏爱,源自他认为左岸咖啡馆是统一出品的最有品位的品牌。

有一天,他和我们品牌小组开会的时候特别申明:"我想真正参与左岸咖啡馆的工作,希望你们能将我当作品牌小组的一员,而不是客户的总裁。"但是,我们却做不到,处处遵循他的意思,不敢违背。想当年,我们提"左岸咖啡馆"这个名字的时候,林总还很不赞成,认为左岸是指大陆,应该取名为"右岸咖啡馆",却遭到我们坚决的反对。之前他高高在上,遥不可及,如今他如此亲近,我们反而心存忌惮,不敢说真话。有一天,林总打电话告诉我,他感觉我们无法将他视为一个普通同事,而他的位置也不适合与我们在一起畅想有关左岸咖啡馆的创意。当时,我一方面感到自责与内疚,另一方面却不禁觉得轻松起来……

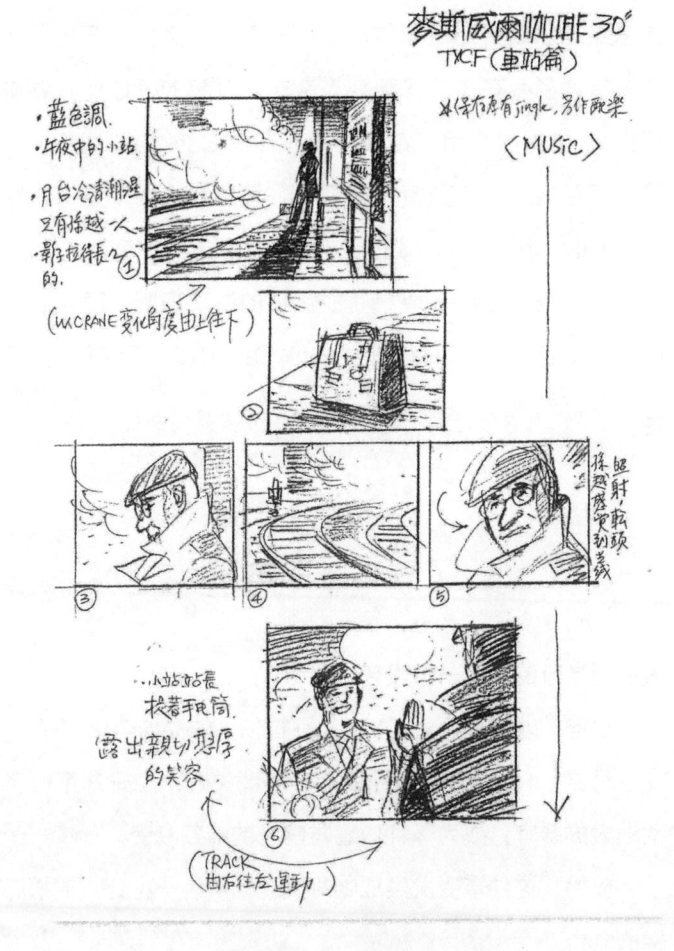

当年麦斯威尔广告的设计分镜

接着讲讲 City Café 的故事。当年，7-11 连锁便利店的总经理陈瑞堂还是一位总监。一天，他突然"召见"我，原来是读了我在奥美《观点》杂志上分享的《如何做咖啡广告》，觉得很受用，希望我能为 City Café 出谋划策，并且立即召唤了广告负责人来洽谈。可是我婉拒了这个生意，因为 City Café 刚刚比过稿，另一家广告代理商刚开始正式服务，我认为应该尊重商业比稿的游戏规则。两年之后的另一场比稿，我们赢得了 City Café 的订单，并为其服务了 10 年。

了解咖啡的本质

人们喝咖啡的动机一直没变

提神：咖啡起源于 11 世纪阿拉伯人的提神药用饮品。

品尝：15 世纪，土耳其入侵欧洲失败，咖啡却征服了欧洲人的感官，成为一种口感与嗅觉的精致享受。

放松：这种享受发展成咖啡文化，产生一种让人放松心情的气氛。

社交：这种奇妙的气氛有助于人与人之间的对话沟通。

咖啡的饮用时机

咖啡是很奇妙的商品,一方面能提神,另一方面又能放松,因此相同的人会在一天不同的时间,因为不同的理由而饮用相同的东西。

早晨,喝一杯咖啡开始忙碌的一天。许多人早晨没喝咖啡会觉得一整天无精打采,这种心理因素让早晨必喝咖啡成为一种习惯。想要拥有一群忠实饮用者的品牌,早餐时间是最好的接触点,也是茶饮唯一无法取代的时机。

白天任何一个可以偷闲的时刻,无论是精明的上班人士,还是贤惠的家庭主妇,咖啡都是暂时休息一下的最佳伴侣。

对于那些拥有整天自由时间的文艺工作者,以及整天等候商机的店员,咖啡可以伴随一天的工作,前者借助品尝与思考来激发灵感,后者借助品尝与幻想来打发无聊。

晚上,人们选择特别的地方和特别的人喝咖啡,在人、地、时、事组合而成的环境中,用咖啡点燃友情与爱情之火。

对有些人而言,深夜反而是一天的开始,就像早晨一样喝咖啡。

如何定位咖啡品牌

定位就是在某种饮用动机之下,提供某个差异点来取代消费者原来所饮用的商品或品牌。

找到饮用时机的切入点

一般商品从目标对象的数量开始定位与思考,咖啡则最好从真正了解自己产品的质量开始。因为咖啡的本质是不同的人却有相同的动机,相同的人也有不同的动机来饮用,所以品牌要有一个动机与时机去真正让消费者记住自己。

因此,我们必须确定自己的产品在哪一个动机与时机具有竞争力,而且这个竞争力可以取代在这个动机背后的时机上所饮用的商品。让所有人绝对提神的咖啡,比让一个女人专用的咖啡更有引发思考的能力。

如何找到产品特质的差异点

有以下三种客观因素。

咖啡原料:例如,百分之百阿拉比卡豆,稀有的蓝山山脉豆。

制造质量:例如,冷冻干燥瞬间凝香,原木炭烤烘焙。

以上两个差异点只能当作新闻一般，只能抢在别人之前大声地说一次，因为这种差异点通常很快就会被竞品模仿，因此，产品特色最好是从口味切入。

咖啡风味来自三种感官的鉴赏。

1. 无法抗拒的咖啡香。
2. 不苦不涩的顺滑。
3. 百分之百的浓郁。

通常产品若能有真正显著的产品力，将很容易延伸出有意义的感性利益点。

咖啡广告如何让人充满食欲

所有咖啡广告的终极目的，都是让消费者觉得这杯咖啡是最好喝的。咖啡属于食物的一种，于是和大多数食品广告一样，咖啡广告也要追求食欲感。

1. 天气越冷，咖啡越热，也越突显食欲感。火炉边的咖啡一定比沙漠中的咖啡好喝。同理，晴天不如雨天，雨天不如雪天。
2. 古朴感比现代化更有食欲感，有些类别越新越好，如服饰、手机；有些类别越旧越好，如酱油、美酒。咖啡属于后者。19世纪的咖啡比20世纪飞机上的咖啡好喝。

3. 马克杯，甚至保温瓶的瓶盖，都比皇家御用的磁杯显得有食欲，加酒调制的咖啡除外。

4. 咖啡装在蓝色的包装或深蓝色的杯子里，测试显示，这样最能给人们高级的感觉。千万不要将咖啡放在咖啡色的咖啡杯内，那样会让人毫无食欲。

5. 黑咖啡比加奶精的咖啡更有食欲感，虽然九成以上的人饮用添加牛乳或奶精的咖啡。

6. 搅动中的咖啡比一杯静止的咖啡好看。加上气泡或泡沫就显得更加可口。没有打散的牛乳可以成为最佳的装饰品，要善于利用。

7. 刚煮好的咖啡比放置一小时后的咖啡更有食欲感。运用水蒸气制作的香气形象更真实可信。

8. 真实的照片比人工的图画更有食欲感。适当的原材料可以增加食欲感，咖啡豆可以让咖啡好喝，正如生菜、番茄可以让汉堡更可口。

9. 声音能刺激食欲，煮咖啡的沸腾声、动人的古典音乐、轻啜声都可以直入消费者的脑海深处。安排巧妙的音效往往比大声嚷嚷的旁白更有说服力。
10. 闻香的动作往往比喝的动作更有食欲感，呈现咖啡的准备过程也是聪明的选择。此外，将咖啡放置在食物(如饼干、奶酪)旁边的场景，也能增加食欲感。

有关广告策略的策略性思考

1. 二八法则绝对适用于咖啡类别，真正的"咖啡爱好者"平均每天喝3杯咖啡（美国市场在20年前就已经是平均每人每天3.5杯），每周喝20杯的爱好者比每周偶尔喝两杯的即兴者多出10倍的消费量。对这些真正的咖啡爱好者而言，咖啡是没有季节性的，即使在夏天，也是每天喝3杯。拥有真正的咖啡爱好者，才能拥有市场。
2. 关于咖啡的新闻点非常稀有，一旦产品有新闻，千万别错过。当新口味的产品延伸时，应针对口味的特色进行沟通，是浓烈的味道，还是温和的口味？以方便消费者选择。如果你的新产品毫无特色，那么选择"香"作为切入点，将是八九不离十的最佳选择。"咖啡香"是咖啡整体质量的指针，正如买鱼时，明亮的鱼眼是新鲜的保证。
3. 饮用咖啡通常不只是一种感官享受，还是一种感性经验，因此广告所扮演的角色应该是提醒消费者这种美好的经验。只有当你的咖啡和别人的一样好时，情感丰富的广告才能注入一种神奇的"迷药"成分，让相同的咖啡变得非常香、醇、浓。

如何让咖啡品牌有魅力

创造品牌独有的传奇

为品牌打造一个品牌故事，正如麦斯威尔咖啡在美国有罗斯福总统品尝后的感言："香醇至最后一滴。"也可以创造一个品牌传奇，正如左岸咖啡馆源自"19世纪法国文人会集的咖啡馆"，历久弥新的传奇故事让品牌就像有神迹的教堂，挤满了前来朝圣的信徒。

创造品牌独有的风格

咖啡品牌必须拥有"迷人的风格"与健康食品需要有

"令人相信的理由"处于相同的层次，却是不同的道理。因为咖啡的好其实是无法说服人们接受的，而必须采用引导的方式，创造独特风格正是引导的手段。借着独特风格提供给人们一种未曾感受过的感觉，不仅能在众多广告信息中脱颖而出，并且能使人们对这种风格产生"一见钟情"的效果，因此也节省了传播经费。

坚持提供一个真实的好产品

人们总是能够学会分辨什么是好咖啡，正如红酒一样。俗话说，由奢入俭难，一旦在高档的场合或专门的咖啡店体验过地道的好咖啡，这些香、醇、浓的感官快意总是会让人们念念不忘。消费者天生有能力辨别咖啡的好坏。

因此，"杰出的咖啡广告，将加速劣质咖啡的消失"。

最后，不具相关性的咖啡广告，经常失败。

避免采用结婚、毕业典礼这类关键时刻来宣扬咖啡。此时，人们用酒来庆祝，不是咖啡。一个人喝咖啡是品尝，两个人是分享，一群人喝咖啡将失去咖啡的感觉，变成一个没有意义的咖啡广告。此外，避免用方便及低价作为主要诉求，因为省事与廉价等于明确表示这是一杯味道很差的咖啡。

我以一句古老的英文格言来结尾:"Rules are for the obedience of fools and the guidance of wise men."(所谓规则,愚者遵循不疑,智者引以为戒。)

请记住一句话,"滴滴香醇,意犹未尽"。

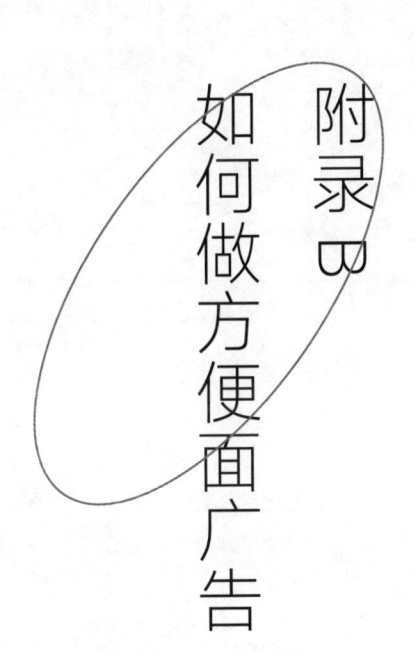

附录 B 如何做方便面广告

广告行业的人看见我，总是会联想到左岸咖啡馆、"心情故事"、麦斯威尔、爱立信，甚至玛驰、X-Power，但不会有人记得"小厨师"。如今，它依然躺在方便面货架的角落，默默地销售着。

许多年前，"小厨师"是我参与的第一个从无到有的品牌。它曾经红极一时，但随着客户家道中落，被迫连厂子一起出售。从此，我再也没看见它被好好照顾……虽然如此，它倒凭着自己独特的口味，自己照顾自己，活到今日。我当时的创意伙伴丁香说她按照我的长相，画了一个"小厨师"的品牌人物，并放在包装上，看来，我不知不觉成了广告代言人。但我怎么看它都不像自己，倒是颇像如今颇负盛名的"康师傅"，只不过"小厨师"比康师傅早生了

5年，这应该是个巧合吧。

丁香所绘的"小厨师"

关于做方便面广告，我要分享的第一个心得是，当你的品牌拥有一个非常具体的视觉形象时，它能确保品牌被深深地记住。就像阿Q桶面广告中朴实、贪吃的高中生阿Q，以及维力手打面的张君雅小妹妹。借着这些具体的品牌人物，不但能够强化品牌独特的个性，也能够节省广告成本，因为每一支广告都将累积广告资产。

"能被累积的就是一种资产，不能被累积的，只是一项成本。"

对于方便面这个类别而言，知名度十分重要，因为所有关于口味的选择，只有少数人会在进店前有些主见，但真正的品牌选择，都是在面对货架上众多品牌的那一刻做出的。你的品牌必须在消费者的潜意识之中与其他品牌竞争，只有优胜者，才能进入消费者心中的品牌排行榜。例如，消费者在周末聚餐前可能这样说：

> 我们去哪儿吃啊？
>
> 你想吃什么？
>
> 是日本料理，还是法国料理？
>
> 不，就吃牛肉面吧！
>
> 那我们就去阿 Q 餐厅好吗？
>
> 那里的红椒牛肉面还不错。
>
> 那个老板阿 Q，你记得吗？好有趣的一个人。

一个具体的视觉形象将帮助品牌迅速建立知名度，只有深刻的知名度才能帮助你在关键时刻开展营销工作。下面，我将分享 9 个做方便面广告时容易误入的陷阱。

1. 认为产品虽然不够好，但可以运用出色的营销手段与绝对具有销售力的广告弥补

事实上，这会取得相反的结果——"广告会加速劣质

产品的死亡"。在方便面这个类别,这更是显而易见的道理。因为人们选择方便面品牌,唯一的理由就是好吃,不是营养、健康,也不是因此更加尊贵,更不是借此表达独特的个性。判断好不好吃,是人类天生的本领,吃过就知道。不像一般日用品,在使用洗发水时,我们不能判断是否温和不伤发质,也无法知道是否能滋润发梢,我们甚至无法确定这是天然的气味,还是化学香味。因此,做方便面还在思考"说服消费者信服独特的消费主张"的营销人员,基本上是在浪费公司的资源——时间、精力及金钱。

人们会因为好吃而大排长龙,即使如此不方便。所有方便面都一样方便,如果没别人的好吃,一定会被淘汰。消费者没有"国王的新衣"问题,不够好吃的方便面经消费者大量试吃后,会迅速被其他品牌取代,并从市场上消失。

2. 将方便面视为面条的替代品

我们可能有这样的推测:人们因为没有时间去餐馆吃饭或懒得在家煮面,才会去买省时又省力的方便面。事实上不是这样的。速溶咖啡也许确实如此,人们因为没有煮咖啡的器材,或者懒得自己煮咖啡,因此贪图省时省事的速溶咖啡,而勉强接受比较不香不醇的咖啡。但随着时代的进步,煮咖啡的器材变得更简单、更便宜、更普遍,甚至当出现更多的咖啡馆时，速溶咖啡的整体销售量逐渐下降了。

方便面却没有因为微波炉的普及而减少，也没有因为餐厅的增加而销声匿迹。因为方便面不是面条的替代品，方便面有独特的味道：那种汤汁渗入面条的口感是一般煮面"汤是汤，面是面"的口感无法取代的。

因此，如果将方便面拟人化，他绝对不是克隆人，也不是变种人，他只是不同的人种，他不必自卑，他应该以身为方便面为荣。

那些专门研究如何让方便面变成很像一般煮面的营销或研究人员将如逆水行舟，一路费力不讨好。

3. 盲目跟随健康的趋势，将方便面定位于健康的需求

虽然方便面是不含防腐剂的，但人们总是误会它含有防腐剂。大部分方便面确实是油炸的，但如果这能称得上销售的障碍，那么香烟早就应该在世界上消失了。人们不会因为方便面更健康而购买，反而会因为过分强调健康而怀疑它是否不够美味。我曾经策划过一个添加综合维生素来补充方便面的营养成分，以便将方便面推向正餐并取名为"超级面"的提案。现在想想，幸好当时提案没有推出，否则只会把客户的资源浪费在一个没有前途的品牌上。营

养、健康绝不是这个类别的核心利益。方便面的口味和零食的口感一样：只有油炸的、重口味的，才会有令人上瘾的魅力。

"瘾"这个东西，就是保证不断重复购买，使重度使用者不断增多。

4. 只是为了改变而改变，为了创新口味而创新口味

在这个年代，"不断改变"已成为一个十分流行的口号，人们从"害怕改变"渐渐变成"害怕不改变"，终于为了改变而创新。但对食物的需求，是人类的基本需求，也是人性需求的一部分，而人性基本上是不会改变的。

虽然人们在吃东西方面往往抱着冒险尝试的心态，但大多数人仍然不愿尝试全新而不熟悉的食物。

5. 企图扩大市场，过早引导人们将方便面当作正餐

方便面类别的竞争范畴，不是餐厅、面馆，而是点心店、小吃摊。点心的食用时机，20年来没有太大变化。我们可以在最不得已的情况下将有调料包的方便面当作正餐，但不必真的将此作为推销的核心主张。

方便面广告的主要任务是，刺激人们想吃的欲望。这种食欲能否产生，取决于广告能否营造一个和快餐面食用时机非常相关的氛围。当观众或读者被引诱进入这个氛围时，你

只要轻声地告诉他你的产品的特点，他就会在下回去超市时购买你的方便面。

因此，我们必须很明确地知道，方便面到底是什么，人们在什么时候想吃方便面。

如果真的进入正餐市场，则必须在产品内容方面进行整体思考和调整，使方便面符合正餐的需要。

6. 建立品牌后，盲目地进行产品无限延伸

无限延伸，虽是美好的愿望，但不是我们的选择。试想，哪一家商店的货架上会有同一个品牌商品的 20 种口味？最多 7 种口味。因此，我们虽然应该积极努力地不断开发新口味，但我们的目的是开发出更好的口味，来取代同一品牌在货架上的销量最低者，借着不断推陈出新提高我们产品的竞争力。

其实，成功方便面的口味很难被调整，因为人们已经习惯这个口味。对广大消费者而言，这个口味不只是习惯，还是一个标准：多一分则太浓，少一分则太淡。

从投资回报的角度看，改进主流口味会比发明全新口味收益高。

如何延伸我们的品牌魅力呢？

成功的方便面品牌，随着时代进步，要定期检视并改良

包装、容器的现代感，借着不同的包装、容器进行产品延伸。根据包装、容器大小来定位品牌，将是画地为牢。此外，要想保持品牌新鲜感，最简单有效的方法就是在包装美学上不断推陈出新。

7. 认定方便面既然是一种食物，主要的购买者当然是家庭主妇

现代的家庭主妇已经不像过去那样"独裁"与"本位"。她们也许能主导正餐的内容，但她们也非常尊重家人对点心的偏好。她们会询问家人的意见，观察家人的行为。哪些品牌或口味的方便面最先没有存货，就是她们下次会购买的品牌或口味。

方便面瞄准的对象应该是忘我打电玩的儿子、过度加班的丈夫、吃斋念佛的母亲。

8. 推广新品牌时，过度迷信运用整合营销传播可以保证传播效率的提升

有些商品，特别是高风险、高关注度的商品，应该在上市期间大量使用不同媒介，在不同的接触点传递不同的信息，以追求 1+1>2 的传播效果。这个 1+1>2 的传播效果，来自我们与消费者在购买过程进行足够且有意义的沟通，因为对于高风险、高关注度的商品，若不能同时解决

只要轻声地告诉他你的产品的特点,他就会在下回去超市时购买你的方便面。

因此,我们必须很明确地知道,方便面到底是什么,人们在什么时候想吃方便面。

如果真的进入正餐市场,则必须在产品内容方面进行整体思考和调整,使方便面符合正餐的需要。

6. 建立品牌后,盲目地进行产品无限延伸

无限延伸,虽是美好的愿望,但不是我们的选择。试想,哪一家商店的货架上会有同一个品牌商品的 20 种口味?最多 7 种口味。因此,我们虽然应该积极努力地不断开发新口味,但我们的目的是开发出更好的口味,来取代同一品牌在货架上的销量最低者,借着不断推陈出新提高我们产品的竞争力。

其实,成功方便面的口味很难被调整,因为人们已经习惯这个口味。对广大消费者而言,这个口味不只是习惯,还是一个标准:多一分则太浓,少一分则太淡。

从投资回报的角度看,改进主流口味会比发明全新口味收益高。

如何延伸我们的品牌魅力呢?

成功的方便面品牌,随着时代进步,要定期检视并改良

包装、容器的现代感,借着不同的包装、容器进行产品延伸。根据包装、容器大小来定位品牌,将是画地为牢。此外,要想保持品牌新鲜感,最简单有效的方法就是在包装美学上不断推陈出新。

7. 认定方便面既然是一种食物,主要的购买者当然是家庭主妇

现代的家庭主妇已经不像过去那样"独裁"与"本位"。她们也许能主导正餐的内容,但她们也非常尊重家人对点心的偏好。她们会询问家人的意见,观察家人的行为。哪些品牌或口味的方便面最先没有存货,就是她们下次会购买的品牌或口味。

方便面瞄准的对象应该是忘我打电玩的儿子、过度加班的丈夫、吃斋念佛的母亲。

8. 推广新品牌时,过度迷信运用整合营销传播可以保证传播效率的提升

有些商品,特别是高风险、高关注度的商品,应该在上市期间大量使用不同媒介,在不同的接触点传递不同的信息,以追求 1+1>2 的传播效果。这个 1+1>2 的传播效果,来自我们与消费者在购买过程进行足够且有意义的沟通,因为对于高风险、高关注度的商品,若不能同时解决

购买障碍，或无法让人们的安全感高于风险门槛，将无法实现理想的销售。

于是，这种类别的商品在上市时，绝对需要运用多种渠道，进行整合宣传。但对方便面这个类别而言，最有意义的信息就是"到底有多么好吃"。在这种印象尚未完全"种"进消费者的脑海之前，任何其他信息沟通都只是花边信息，事倍功半。此时此刻，最有效的方式仍是通过大众传播，运用广告进行单一信息宣传，也就是所谓"定位"的基础工程。

因此，在数字时代尚未征服传播世界之前，如果你要推出方便面新品牌，在预算有限的时候，应该考虑只投放广告；在预算无限的时候，应该先投放广告。至于在大众媒体广告的媒介选择上，电视的声光效果对于讲究食欲感的方便面依然是最佳选择，即使不得不选择平面广告或是广播，也应该思考如何创造充满食欲感的气氛与联想。

9. 十分坚持要有吃面的画面，或十分坚持不要有吃面的画面

事实上，"听的镜头"不会让广告变得没有销售力，但也不能保证让广告有销售力。然而，过度依赖吃面的镜头来

保证类别的相关性及食欲感，将使我们从追求卓越创意的过程中有所分心，甚至有所懈怠。话虽如此，我们也不可低估吃面示范的必要，或轻视吃面示范的威力。

让泡面看起来好吃的手法，已不算秘密。
1. 特写再特写，黑色的碗边，通常让面色更加吸引人。
2. 动感再动感，升腾的热气，汤汁上的泡泡，筷子夹起筋道的面条……
3. 找吃相最好的人吃面。不一定是帅哥美女，因为吃面镜头往往是帅哥美女最不上相的镜头，要找一个贪吃并且吃相非常有感染力的演员。我们都有这样的经验，本来没什么食欲，但在和某些朋友吃饭时，却不由自主地吃了许多。因为真正爱吃的人，总会传送一种正面积极的脑电波，并给你一种莫名其妙想吃的欲望。

以下便是做方便面广告的 10 点心得。
1. 运用具象的视觉来加深人们的印象，视觉沟通直通人类的潜意识。
2. 除非找到一个比竞品更好吃的口味，否则千万不要上市新口味。人们只会在第一名的店里排队。
3. 专心研发方便面专属的卖点,不必抄袭面条。梨子和苹果都是水果,但口感不同。
4. 人们选择最好吃的,而不会选择最健康的快餐面。
5. 人们容易对熟悉的口味上瘾,因此可以参考餐厅卖得最好的口味来研发新品。
6. 方便面未来也许可以演化成正餐,但目前要以点心为竞争范畴思考策略。
7. 方便面在口味上应不断推陈出新。只有在包装上进行不同食用时机的延伸,才能达到提升品牌占有率的目的。
8. 方便面最重要的目标对象不是家庭主妇,而是食用者。
9. 电视广告仍然是打造方便面品牌最有效的媒体。
10. 冲泡示范及非常满足的吃相只是一个选项,视情况而定。记得,要有食欲感。

这10点心得,来自我过去的经验,不能保证是不变的真理。

其实,对于所有广告,我们经常比消费者更早对现有的广告活动感到厌烦,并且轻易地从制胜的关键点移到一个二流却安全的位置。

弗洛伊德认为,人类在5岁以前的经验决定了他的人格。品牌在拟人化的过程中也正是如此。可是,我们却经常在品牌尚处于未定型的婴儿时期,就给它提供成人的养分,这将造成品牌的人格分裂。

当成功上市一个方便面品牌时,我们千万不可得意忘形,而要诚实自省。思考造就我们一时成功的真正原因,并借此提炼品牌核心。同时,我们必须充满智慧地辨识真正的创意。在我们这一行,绝大部分的大创意总是源自小想法。这个充满潜力的小想法通常藏在广告活动的某个角落。我们要用功、用心地找到它,提炼它,将它放在最重要的位置。之后,我们要耐心地培养它,给它足够的时间来发酵、沉淀。如果我们揠苗助长,将导致前功尽弃。

人们需要多次接触,长时间深入了解,才会产生忠诚度。当消费者对我们的品牌拥有相当大的忠诚度之后,所有的好事将随之而来。于是我们最具独特性的品牌会进化成一个全方位的优秀品牌。

创造成功的新品牌需要"绝对"的创意,维护伟大的品牌需要"持久"的创造力。

虽然未来几年,人的本性不会改变,消费者的饮食习惯也不会发生重大改变,但新的媒介将成为新宠并使人们养成新的习惯,这也将影响我们做广告的思路与方法。要做出优质广告,就要从了解新媒介开始,并深入了解,亲身体验。可见,学无止境,与读者共勉。

结语

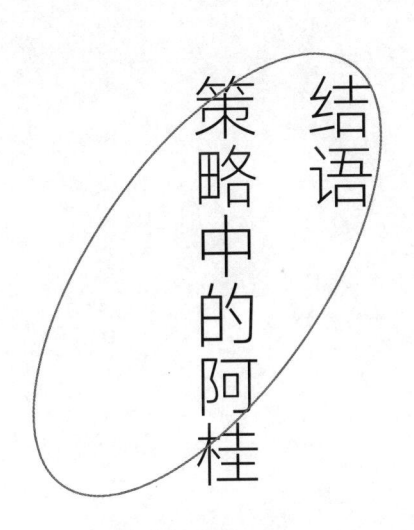

策略中的阿桂

胡湘云
台湾奥美首席创意顾问

在《百年孤独》的热潮影响下,我也加入了重读行列。"经过马孔多冲击之后,看世界的眼光也改变了",用这句话形容阿桂之于我,也很恰当。

"你要能找到创意里的钻石,放大它,其他的瑕疵就会消失",这是台湾奥美还在民生东路营业的时候,阿桂在某堂训练课上的一句闲谈,被当时还是小文案的我捡了起来。从此,它打开了我的天灵盖,成为我广告生涯的定海神针。我学会了怎么做自己的"创意总监"、怎么做别人的"创意总监",之后延展到怎么领导团队、怎么看人,以及怎么对待人。至今它仍是我重要的指南针,内化成我能力的一部分。

阿桂就像那个见多识广,把世界上的新奇知识带到人们面前的吉卜赛人梅尔基亚德斯,而我就像初次摸到冰块,一时搞不清是烫还是冷,初次看见假牙可以瞬间让人从老变年轻之神力的何塞·阿尔卡蒂奥·布恩迪亚，因为他给我的启发，而在心中建构了自己的炼金实验室，点燃了第一把烈火。

阿桂令我印象深刻的另一件事，是一通他与妈妈的通话。

我清楚记得那是个夏天的晚上，在阿桂的办公室，我们对某个文案正在进行一来一往的言语交锋。此时，阿桂的手机响了，是阿桂妈妈打来的，关于家里的某些琐事。我听阿桂用温柔、顺从、缓慢的口吻，没有半点不耐烦，也没有任何敷衍地和手机那端的母亲不断重复刚刚说过的话，一遍又一遍。我突然好像明白了阿桂总是唠叨、短话长说的原因，因为这就是他对待家人的习惯。

他用对待家人的习惯对待所有同事，他与他们讨论工作，跟他们谈天说地，成为他们的前辈、上司、启蒙者。他的亲和、缓慢（甚至他的啰唆、重复）纯然真诚，没有任何矫饰。

我曾以为阿桂会是最后离开奥美的人，就像我们在松仁路 90 号时，创意部在 6 楼，阿桂等高管在 12 楼，有几次，我加班到深夜，整层楼就我一人，然后就会听见有人从楼上"噔噔噔"走下来的脚步声，那不会是别人，一定是阿桂。阿桂就像巡视自己的家，一层一层、自上而下巡视下来，而曾经遇到过他的人不止我一个。可见阿桂几乎以奥美为家，经常工作到人去楼空。

现在，他离开了，这一次，他比很多人"下班"都早。

虽然阿桂曾是这家公司的总经理，但我仍愿用"策略中的阿桂"描述他。在我心中，阿桂可能是这家公司唯一一个能自成方法论的策略工作者。他对这个工作的热爱超出了一般人，他真的就像那个时常将新奇观点带到蛮荒之地马孔多的吉卜赛人梅尔基亚德斯。与他一起工作，畅快淋漓。虽然我知道，他在多数时候都包容着我。

在奥美，很多人有重要的头衔，但特立独行的人不多，阿桂是其中极富传奇色彩的一个人。无论你怎么回忆阿桂，他都是台湾奥美的一块重要拼图。

亲爱的阿桂，我广告生涯的前辈，我的伙伴、启发者，我的朋友，我的老师，谢谢你对我的包容与教导，谢谢你亦师亦友的提携，谢谢你曾经给予我和奥美的一切。

愿你一如既往保持鬼灵精怪的思维，创作更多让人惊叹的好作品。

前路多珍重！

再见！